KOPENHAGEN

DIE AUTOREN

Alphons Schauseil, Dr. phil., geboren 1930 in Düsseldorf, studierte Publizistik, Politische Wissenschaften und Romanistik. Er war leitender Redakteur bei Tageszeitungen in Berlin und Düsseldorf, dann Auslandskorrespondent in Paris und – für ganz Skandinavien – in Stockholm. Seit 1982 lebt er als freier Autor und Fotograf auf Korsika.

Eszter Kalmár lebt und arbeitet in Potsdam als Lektorin und Redakteurin. An der Ostseeküste aufgewachsen, lernte sie Dänemark bereits früh kennen. Inzwischen ist sie regelmäßig in Kopenhagen zu Gast.

www.vistapoint.de

Inhalt

Willkommen in Kopenhagen 4

Top 10 & Mein Kopenhagen

Top 10: Das müssen Sie gesehen haben 6
Mein Kopenhagen: Lieblingsplätze der Autorin 7

Stadttour — mit Detailkarten

Ein Rundgang durch Kopenhagen 8

Streifzüge

Tivoli – Vergnügungspark mit über 170-jähriger Geschichte .. 18
Über Dänemarks »Riviera« nach Helsingør 19
Fredensborg und Frederiksborg 24
Roskilde 25

Vista Points – Sehenswertes

Museen und Galerien 28
Stadtteile 38
Schlösser 41
Kirchen 44
Architektur und andere Sehenswürdigkeiten 46

Erleben & Genießen

Übernachten 52
Essen und Trinken 56
Nightlife 64

Inhalt · Zeichenerklärung

Kultur und Unterhaltung 68
Shopping 70
Mit Kindern in der Stadt 73
Erholung und Sport 75

Chronik

Daten zur Stadtgeschichte 78

Service von A bis Z

Service von A bis Z 82

Register 94
Bildnachweis und Impressum 96

Zeichenerklärung

 Top 10
Das müssen Sie gesehen haben

 Mein Kopenhagen
Lieblingsplätze der Autorin

 Vista Point
Museen, Galerien, Architektur und andere Sehenswürdigkeiten

 Kartensymbol: Verweist auf das entsprechende Planquadrat der ausfaltbaren Karte bzw. der Detailpläne im Buch.

Willkommen in Kopenhagen

Ausdrucksvolle Türme mit Grünspanhauben und -spitzen, mit golden leuchtenden Kugeln und Kronen beherrschen die Stadt. Als »wonderful« wurde sie besungen von Danny Kaye, als die US-Amerikaner nach dem Krieg dieses unversehrte Stück Europa entdeckten. Auf einer Insel gelegen, bezieht Kopenhagen viel von seinem Charme aus der Verschmelzung von westlichem und nordischem Ambiente. Hier genießen Besucher aus Mitteleuropa die liberale Gediegenheit der 1,5 Millionen Hauptstädter und, umgeben von auch an Italien erinnernden Bauten, in den lauen Sommernächten eine fast mediterrane Atmosphäre. »Wonderful Copenhagen« – mehr als diese zwei Worte braucht es auch heute nicht als Werbeslogan.

Alle Touristen wollen die Lille Havfrue sehen, H.C. Andersens in Bronze gegossene Märchennixe am Hafenrand, sie lassen sich treiben im Tivoli, sie probieren die köstlichen Heringsvariationen und das nicht so schnell zu Kopf steigende Bier. Designinteres-

Am 1673 eingeweihten Stichkanal Nyhavn

sierte pilgern in die Hauptstadt, um die zeitlosen Formen von Glas, Porzellan, Besteck oder Stühlen und die modernen architektonischen Wahrzeichen zu bestaunen. Schließlich genießt man den unkomplizierten Umgang mit diesen Menschen, denen immer noch ein etwas altmodisches Fahrrad und eine gute *frokost* wichtiger sind als trendige Statussymbole.

»Italiener des Nordens« hat man die genießerischen Dänen auch genannt. In gesunder, um ihre Eigenart besorgter Skepsis näherten sie sich nur in kleinen Schritten dem vereinigten Europa an. Zugleich aber schlugen sie von dort kühne Brückenbauwerke über Meeresstraßen auf ihre Hauptstadt zu und haben nun diese Nordeuropaachse hinüber nach Malmö verlängert. Von einer zukünftigen Ørestad schwärmen dort drüben die schwedischen Nachbarn. Doch Kopenhagen wird deshalb wohl kaum seine Prägung aufgeben: weltoffen, aber mit *hygge*, ihrer speziellen Gemütlichkeit, liberal, aber mit entwaffnender Biederkeit, schön und attraktiv in ihrer ganz besonderen Weise, das Leben ohne Übermut zu genießen. Eine Weltstadt, in der noch die Turmglocken die Zeit messen. Unverwechselbar und wunderbar.

Top 10 & Mein Kopenhagen

Top 10: Das müssen Sie gesehen haben

1 **Rundetårn**
S. 11, 50 ➡ D7
Über den stufenlosen, 209 Meter langen Wendelgang den Rundturm besteigen und den fabelhaften Ausblick genießen.

2 **Christiansborg Slot**
S. 12 f., 41 ff. ➡ E/F7–9
In diesem Schloss tagt das dänische Parlament und hier empfängt die Königin ihre Gäste. Die prächtigen Empfangsräume dürfen besucht werden.

3 **Nyhavn**
S. 15 ➡ D/E9/10
Auf der lebendigen Promenade des »Neuhafens« lässt sich der Tag in einem der vielen Restaurants wunderbar ausklingen.

4 **Hafenrundfahrt**
S. 15, 89 ➡ D/E10
Mit dem Wasserbus die am Hafen gelegenen Sehenswürdigkeiten entdecken und das Stadtpanorama während der Bootsfahrt genießen.

5 **Amalienborg Slot und Wachablösung**
S. 16, 41 ➡ C/D9/10
Am Wohnort der königlichen Familie findet jeden Tag um 12 Uhr die Wachablösung statt.

6 **Kleine Meerjungfrau**
S. 17, 49 ➡ A10/11
Die bronzene Figur von Edvard Eriksen ist das Wahrzeichen der Stadt.

7 **Tivoli**
S. 18, 50 f. ➡ F6/7
Der traditionsreiche Freizeitpark liegt im Stadtzentrum.

8 **Nationalmuseet**
S. 34 f. ➡ F7
Die Ausstellungen zur Geschichte Dänemarks sind außergewöhn-

lich präsentiert; die ethnografische Sammlung lässt sogar Museumsmuffel staunen.

 Ny Carlsberg Glyptotek
S. 35 ➜ F7
Eine der bedeutendsten Sammlungen antiker Kunst in einem herrlichen Ambiente: Das Museum zählt zu den beliebtesten Sehenswürdigkeiten Kopenhagens.

 Statens Museum for Kunst
S. 36 f. ➜ B7/8
Beeindruckendes Zusammenspiel von historischem Gebäude und modernem Anbau: Die Nationalgalerie präsentiert die Meister dänischer Kunst.

Mein Kopenhagen
Lieblingsplätze der Autorin

Liebe Leser,

dies sind einige besondere Orte dieser Stadt, an die ich immer wieder gerne zurückkehre. Eine schöne Zeit in Kopenhagen wünscht Ihnen

Eszter Kalmár

 Strøget/Købmagergade
S. 10 f., 70 ➜ F6–D9
Auf den langen Einkaufsstraßen und ihren Seitenstraßen kann man prima shoppen oder einfach nur gucken.

 Illums Bolighus
S. 12, 71 ➜ E8
Es gibt kein interessanteres Kaufhaus für Liebhaber des dänischen Designs.

 Botanisk Have
S. 47, 75 ➜ B/C6/7
Der Botanische Garten ist eine grüne Oase mitten in der Innenstadt. Das Palmenhaus ist eine Augenweide.

 Grand Teatret
S. 69 ➜ E7
Programmkino in der Innenstadt, das Filme in der Originalfassung zeigt, auch deutsche.

 Amagerpark Strandpark
S. 77 ➜ aG5
Das beliebte Sommer-Ausflugsziel besteht aus einem kilometerlangen Strand und einer künstlich angelegten Insel.

Stadttour

Ein Rundgang durch Kopenhagen

Vormittag
Rathausplatz – Strøget – Latinerkvarter – Vor Frue Kirke – Rundetårn – Højbro Plads – Schloss Christiansborg – Børsen – Holmens Kirke – Kongens Nytorv – Nyhavn (vgl. Karte unten).

Mittag
In einem der Restaurants am Nyhavn, etwa **Skipperkroen,** Nyhavn 27
℡ 33 11 99 06, www.skipperkroen-nyhavn.dk.

Nachmittag
Eventuell Kanalrundfahrt – Schloss Rosenborg – Nyboder – Marmorkirke – Schloss Amalienborg – Kleine Meerjungfrau (vgl. Karte S. 14).

Die Kleine Meerjungfrau

> Obwohl die Sehenswürdigkeiten dieses Rundgangs unweit voneinander liegen und deshalb bequem zu Fuß erreicht werden können, summieren sich die Kilometer leicht. Deshalb ist es empfehlenswert, sich ein Fahrrad auszuleihen oder einige Etappen, z. B. von Schloss Amalienborg zur Kleinen Meerjungfrau oder von ihr wieder Richtung Innenstadt, mit dem Wasserbus (www.stromma.dk) zurückzulegen.
>
> Wer genug Zeit hat und während der Stadterkundung auch eine Shoppingtour oder Museumsbesuche einplant, sollte den Rundgang auf zwei Tage verteilen.

Der Ausgangspunkt ergibt sich eigentlich von selbst: Der **Rådhuspladsen** ➙ F6/7, nahe Hauptbahnhof und Tivoli, zwischen Flugplatz, Stadtkern und den darum gewachsenen Jahresringen, ist zwar nicht der älteste Teil des auf mehreren Inseln gegründeten Kaufmannshafens, doch nirgendwo sonst wird so eindringlich die Vorgeschichte der Stadt heraufbeschworen. An die Wikinger, deren Fürsten einst dieses ältes-

Ein Rundgang durch Kopenhagen

te Königshaus Europas gründeten, erinnern zwischen **Rathaus** ➜ F6/7 und Palace Hotel auf hohem Sockel zwei stämmige Lurenbläser, wohl das wichtigste Werk (1914) des dänischen Bildhauers mit dem geradezu teutonischen Namen Siegfried Wagner. Luren, im Klang Trompeten und Posaunen ähnlich, waren Kultinstrumente in der Bronzezeit. Am Platzende gegenüber, am Boulevard, der seinen Namen trägt, blickt der Märchendichter Hans Christian Andersen von seinem Sockel; ihm zu Ehren wurde im Jahr 2005 ein Erlebnismuseum am Rathausplatz eröffnet.

Die Lurenbläser neben dem Rathaus erinnern an die Wikinger-Vergangenheit der Stadt

Über dem Rathauseingang posiert unter einem kleinen Kupferdach wie ein Heiliger der Stadtgründer Absalon (1128–1201) im Bischofsornat – die geistliche Würde verlieh ihm Waldemar der Große. Seine Figur setzt den ersten von vielen Goldtupfern auf dem Bummel durch die Stadt. Golden schimmern auch das Emblem mit der Fahnenstange über ihm und noch höher Zeiger und Zifferblatt der Uhr in dem mit 106 Metern höchsten Turm Dänemarks. Bei seinem Bau standen toskanische Vorbilder Pate. Um die Wende zum 20. Jahrhundert wuchs dieses bereits sechste Rathaus auf Resten der einstigen Stadtmauer.

Gleich hinter dem Eingang dieses Repräsentationsbaus, dessen glasüberdachter Innenhof als Fest- und Ausstellungshalle genutzt wird, tickt in einem Glaskasten **Jens Olsens Weltzeituhr** ➜ F6/7. 27 Jahre lang tüftelte der Däne selbst an diesem Wunderwerk reiner Mechanik, zehn weitere Jahre brauchten nach seinem Tod die Mitarbeiter, bis sie funktionierte. Zwölf Uhrwerke zeigen nicht nur Städtezeiten rund um den

Bei dem Bau von Kopenhagens Rathaus standen toskanische Vorbilder Pate

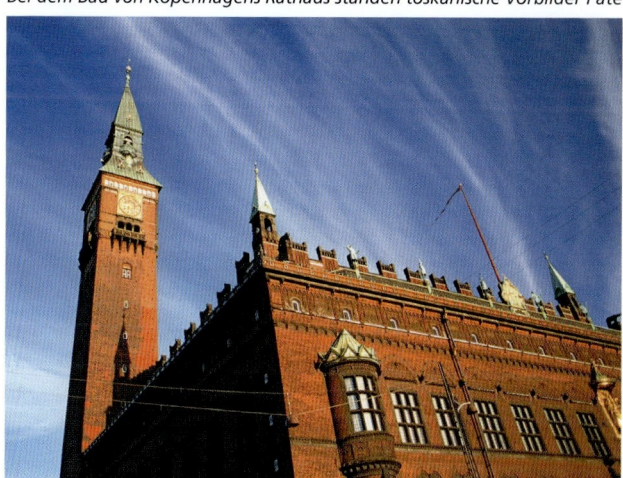

Stadttour

Die Bummelmeile Strøget schließt den Amagertorv mit ein

Globus an, sondern auch den römisch-julianischen und unseren gregorianischen Kalender nebst den aktuellen Himmelskonstellationen.

Über die Vestervoldgade hinweg öffnet sich, schmal wie ein Nadelöhr, die Frederiksberggade, der Eingang zu Europas erster, 1962 geschaffener Fußgängerzone. Genau 1088 Meter zieht sie sich bis zum Kongens Nytorv hin, über Gammeltorv und Nytorv, Nygade, Vimmelskaftet, Amagertorv und Østergade. Genannt **Strøget** ➜ F6–D9, der Strich, obwohl der nicht ganz gerade verläuft. 1967 feierte man hier das 800-Jahr-Jubiläum Kopenhagens an einem 800 Meter langen, mit *smørrebrød* vollgepackten Tisch.

Strøget ist weder moderne Shoppingmall noch rein touristische Drosselgasse, aber sie ist ein Muss, eine hohle Gasse, durch die jeder kommt. Ein bunter Cocktail, gemixt aus den verschiedensten Ingredienzen, ein fast immer proppenvolles Bummelparadies mit überraschend stillen Seitengassen. Auf Strøget gibt es Falafel, Brötchen, Mode, Souvenirs und bunten Kitsch. Hier trifft man Bettler und Musiker aus den Anden, junge Dänen und Touristen hocken auf Brunnenkanten und lutschen Eis oder trinken Kaffee zum Mitnehmen. Hier werden aber auch die edelsten Produkte Skandinaviens zur Schau gestellt: Porzellan, Silber, Bernstein, Glas und Wohnaccessoires.

Auf dem Gammeltorv spritzt eine zierliche Brunnen-»Caritas« von 1660 in feinem Strahl Wasser aus den Brüsten. Auf Nytorvet schräg gegenüber leuchtet schon wieder golden die Kuppel eines alten Kiosks. Hier sollte man erst einmal links ab über die Nørregade ins **Latinerkvarter** ➜ D/E7 gehen, jenes Viertel, das um die 1479 gegründete Universität gewachsen ist.

Ein Rundgang durch Kopenhagen

Am Bispetorv, dem Bischofsplatz, steht Bispegården, die Bischofsresidenz aus dem 15. Jahrhundert. Der klassizistische Dom, **Vor Frue Kirke** ➡ E7, also Unserer Lieben Frau geweiht, entstand nach der Beschießung durch die englische Flotte in den Napoleonischen Kriegen ab 1807 neu. Sehenswert sind im Kircheninneren die Apostelfiguren des Dänen Bertel Thorvaldsen, der als einer der führenden klassizistischen Bildhauer Europas galt.

Ein Franziskanerkloster gab dem nahen Gråbrødretorv seinen Namen. Man erreicht den idyllischen »Platz der grauen Brüder« nach Umgehung der Kirche und durch die Store und Lille Kannikestræde. Vormittags liegen die anheimelnden Restaurants und Bistros an der Südostseite noch im Schatten, und im Sommer werden Tische und Stühle aufs Pflaster gerückt.

Via Løvstræde zur 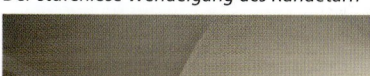 **Købmagergade** geht es zum ❶ **Rundetårn** ➡ D7 der Trinitatiskirche (1637–56), dem Dänemarks erfindungsreicher, baulustiger »Sonnenkönig« Christian IV. ein Observatorium statt Spitze aufsetzen ließ, das von den Wissenschaftlern des Lateinerviertels genutzt wurde. Der Rundturm ist heute das älteste funktionstüchtige Observatorium Europas. In siebeneinhalb Windungen führt eine breite und 268,5 Meter lange Spiralrampe den Turm hinauf. Der stufenlose Gang führt vorbei an der Bibliothek, die vormals die gesamte Sammlung der Universität beherbergte und jetzt als Ausstellungshalle bekannt ist. Oben angekommen bietet sich von der Plattform ein schöner Blick über die Stadt. Übrigens, bei seinem Besuch 1716 wagte Zar Peter der Große den Aufstieg auf einem Pferd, seine Gattin ließ sich mit der Kutsche fahren.

Über die Købmagergade und um die **Helligåndskirke** ➡ E7 herum gelangt man zurück auf die Strøget, deren »feiner« Abschnitt mit exklusiven Geschäften hier seinen Ausgangspunkt hat. Im 14. Jahrhundert begonnen und nach einem Großfeuer im 18. Jahrhundert neu errichtet, dient die Backsteinkirche – Rest des Heiliggeistklosters – heute weltlichen Veranstaltungen. Ihr schönes, mit Skulpturen verziertes Portal war ursprünglich für den Bau der Börse bestimmt.

Am **Amagertorv** ➡ E8 steht das Renaissancehaus Nummer 6 (1616) mit dem Doppelgiebel und einem kunstvoll gearbeiteten, goldfarbe-

Der stufenlose Wendelgang des Rundetårn

Stadttour

Heute auch Sitz des Obersten dänischen Gerichtshofs: Christiansborg Slot

nen Schmiedeeisentor – ein würdiger Rahmen für die königlichen Hoflieferanten von Porzellan und Silber. Direkt neben diesen Schau- und Verkaufsräumen von **Royal Copenhagen** und **Georg Jensen** zieht das Design-Kaufhaus **Illums Bolighus** zahlreiche Besucher an.

Der Storchenbrunnen ist Wahrzeichen und beliebter Treffpunkt des Amagertorv. Golden glänzen die Symbole von Männlein und Weiblein am Zugang zum Toilettensouterrain. In grüner Patina und hoch zu Ross präsentiert sich dagegen auf dem angrenzenden **Højbro Plads** ➡ E8 nochmals Bischof Absalon. Helm, Harnisch und Streitaxt bekunden, dass er nicht nur ein frommer Gottesmann war, sondern vor allem ein Kämpfer für Dänemarks Freiheit. Er zog gegen die heidnischen Wenden ins Feld und führte sogar die dänische Flotte an.

Bevor man von hier über eine Kanalbrücke direkt auf das massige Schloss Christiansborg mit seinem Turm zugeht, sollte man doch noch ein paar Schritte in die Altstadtgassen auf der anderen Seite von Strøget tun. Gleich zu Anfang des **Gammel Strand** ➡ E8 erinnert eine behäbige Frauenstatue daran, dass hier noch vor gar nicht so langer Zeit der Fang angelandet und von schlagfertigen Fischweibern an die Hausfrau gebracht wurde. Fingerfertig zogen sie mit einem groben Fetzen Sackleinen den glitschigen Aalen die Haut ab. Noch immer liegen hier und auf Ved Stranden schräg gegenüber einige der renommiertesten Fischlokale.

Parallel zum Gammel Strand stehen in **Læder- und Kompagnistræde** ➡ E7/8, in der Farvergade, Magstræde und Snaregade schöne, in vielen Farben getünchte Altstadthäuser, teils noch mit Fachwerk, geschnitzten Türbalken und Butzenscheiben. In den typischen Souterrainläden des Viertels mit drei, vier schmalen, steilen Stufen türmen sich Antiquitäten und Trödel, Silberzeug und Goldrahmen; die kleinen Cafés sind gefüllt mit Kaffee trinkenden Hauptstädtern und Touristen.

Weiter am Kanal entlang läuft man schließlich über die aus gewöhnlichem Stein gefügte »Marmorbrücke« und durch einen rückwärtigen Portalbogen auf ❷ **Christiansborg Slot** ➡ E/F7–9 zu. Um eine geräumige Reitbahn herum gruppieren sich die einstigen Wirtschaftsgebäude, das kleine **Hoftheater** und die noch genutzten **Hofstallungen.** Zu früher Stunde kann man hier zusehen, wie auf dieser königlichen *ridebane* die edlen Pferde des Marstalls bewegt werden, traben oder Kutschen ziehen. Das heutige Schloss, mit einer von Arkaden und dicken Kugeln getragenen, dreifach gekrönten Turmspitze, wurde nach einem Großbrand 1884 erst 1907 bis 1928 wieder errichtet. Es gründet auf Resten der ersten Burg, die Absalon 1167 auf einer Insel baute – Slotsholmen heißt sie erst, seit dort vom 15. Jahrhundert an die zuvor von Roskilde aus herrschenden Könige residierten. Die Ruinen der Absalon-Burg und die beeindruckenden Repräsentationsräume von Königin Margrethe II. können besichtigt werden. Christiansborg ist heute Sitz des Obersten Gerichtshofs, des dänischen Parlaments (Folketing), und hier befindet sich über den Repräsentationsräumen der Königin das Büro des Premierministers.

Durch das Hauptportal unter dem Turm geht es wieder hinaus auf den Schlossvorplatz und rechts herum in die Tøjhusgade am Eingang zum Folketing vorbei durch den Garten der Königlichen Bibliothek. Das ehemalige zur Bibliothek gehörende Bootshaus der Schlossinsel beherbergt seit 2004 das **Jüdische Museum** ➡ F8. Für den Ausbau des Museums wurde Daniel Libeskind gewonnen, der bereits in Berlin für ein beeindruckendes jüdisches Museum verantwortlich zeichnet. Ein weiteres Glanzstück moderner Architektur steht am Ufer des Hafenkanals: der schwarze, 1999 eingeweihte gläserne Anbau der Königlichen Bibliothek, genannt **Schwarzer Diamant** (Den Sorte Diamant) ➡ F8.

Zwischen Slotsholmsgade und Børsgade erstreckt sich der schmale Renaissancepalast **Børsen** ➡ E/F8/9, die Börse, wo keine Aktien gehandelt, sondern Waren gestapelt wurden, die per Handschlag den Besitzer wechselten. 1619 wurde der Bau von Christian IV. in Auftrag gegeben, doch kurz vor der Fertigstellung schien er ihm nicht elegant genug. Deshalb entwarf er selbst den einzigartigen Turm mit den ineinander verschlungenen Drachen und ließ ihn aufsetzen.

Nun gilt es die Holmens Bro zu queren. In der von der Wasserseite unscheinbar wirkenden **Holmens Kirke** ➡ E8, die 1619 aus einer An-

Frederiksholms Kanal und die Börse mit ihrem Drachenturm

Stadttour

kerschmiede der Königlichen Flotte entstand, wurden 1967 Königin Margrethe II. und ihr französischer Prinzgemahl Henrik getraut. Vielleicht erspäht man auch hier die volkstümliche *dronning* (Königin) beim Gang zu einem sonntäglichen Gottesdienst oder beim Shopping im noblen Teil von Strøget. Sie wird dann zwar im Rolls-Royce chauffiert, aber ohne Eskorte.

Kurz darauf erreicht man das weitläufige Rund von **Kongens Nytorv** ➔ D9 mit dem Reiterdenkmal Christians V. (1688) in seiner Mitte. Auf der linken Seite vor dem Platz – der im Zuge des Metrobaus bis 2019 eine Baustelle ist – wurde vor langer Zeit das ehemalige Belle-Époque-Hotel du Nord zum Kaufhaus **Magasin du Nord** ➔ E8/9 umgestaltet. Rechts vor **Det Kongelige Teater** ➔ E9 wachen sitzend zwei Meister der dänischen Sprache: Ludvig Holberg (1684–1754) und Adam Oehlschläger (1778–1850). An der gegenüberliegenden Seite, wo Strøget auf den Platz mündet, blieb das 1755 von einem französischen Einwanderer gegründete **Hotel d'Angleterre** ➔ D9 seiner Bestimmung erhalten: Der weiße Prachtbau trägt sein Alter mit Würde und nostalgischem Charme.

Sollte man hier kurz vor der Mittagszeit angelangt sein, kann man vielleicht die Königliche Leibgarde mit Tschingderassabum aus der Gothersgade herausmarschieren sehen und, wenn man mag, bis zur Wachablösung im Hof von Schloss Amalienborg begleiten. Doch wahrscheinlich ist es selbst bei frühem Start schon etwas später ge-

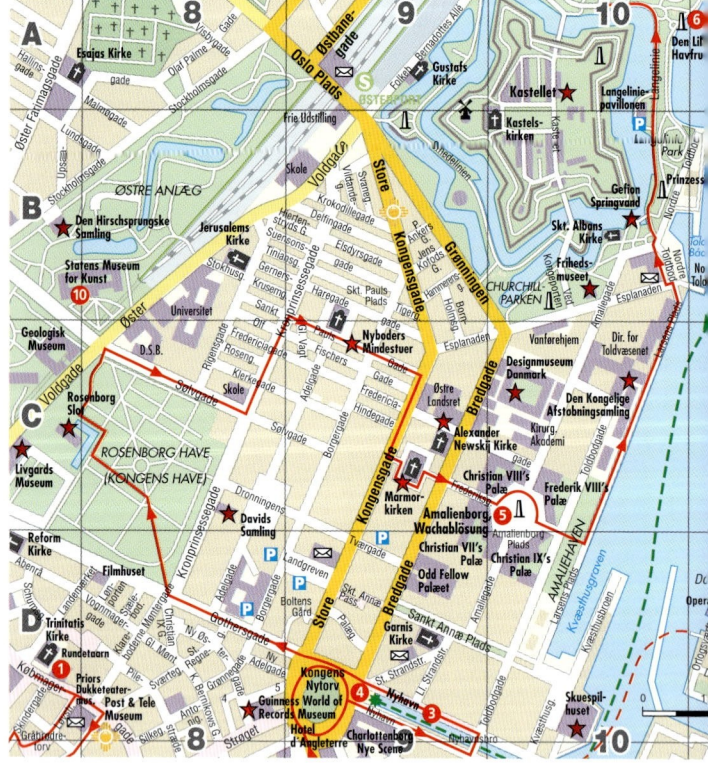

Ein Rundgang durch Kopenhagen

Das Hotel d'Angleterre aus dem 18. Jahrhundert

worden, und da kommt der gegenüber dem Hotel d'Angleterre endende Stichkanal ❸ **Nyhavn** ➜ D/E9/10, der immerhin schon 300 Jahre alte »Neuhafen«, gerade recht. Mit seinem märchenhaften Ambiente und der langen Reihe von Lokalen auf der Sonnenseite, die seinerzeit verrufene Seemannskneipen waren, bietet er nun in Hochparterre, Souterrain und auf dem Kai dänische Leckerbissen, Bier vom Fass und Gemütlichkeit an: *mad, øl og hygge*.

Hans Christian Andersen (1805–75), der aus seiner Geburtsstadt Odense schon 1819 nach Kopenhagen kam, wo er den größten Teil seines Lebens verbrachte und die meisten seiner rund 160 Märchen und Geschichten schrieb, hatte viele Adressen in dieser Stadt: Im Königlichen Hoftheater neben dem Reitplatz von Christiansborg war er 1820 bis 1822 Balletteleve; im Hotel d'Angleterre schrieb er in den 40er Jahren des 19. Jahrhunderts in Zimmer 208; im Haus Nyhavn Nummer 20 dichtete er von 1834 bis 1838, und in Nummer 18 auf der anderen Seite lebte er (1871–73).

Der Nyhavn ist auch ein guter Startpunkt für eine den Stadtbummel ergänzende ❹ **Hafen- und Kanalrundfahrt** mit oder ohne Führung. Danach bleibt noch Zeit, die sogenannte **Frederiksstadt** nördlich der Achse Nyhavn–Gothersgade mit ihren Schlössern zu erkunden.

Über die Gothersgade gelangt man in den Königlichen Garten Rosenborg Have, der die Kaserne der Leibgarde und das **Rosenborg Slot** ➜ C7/8 umschließt. Ein Kleinod der Renaissance ist das Lustschloss Christians IV. Hier sind königliche Sammlungen von venezianischem Glas, prunkvoller Stuck, die Kronjuwelen und Königskronen zu bestaunen.

Solvgade und Kronprinsessegade führen zu einem architektonischen Kontrapunkt: Die gelb verputzten Häuserzeilen der **Nyboder** ➜ B/C9 ließ Christian IV. um 1630 für 600 Mann des Flottenpersonals und ihre Familien hochziehen – wohl der erste, durch seine Struktur überzeugende soziale Wohnungsbau.

Stadttour

Wachablösung vor dem Schloss Amalienborg

Doch gleich darauf folgt wieder Pomp. Von der Store Kongensgade öffnet sich eine Passage zur **Frederiks Kirke** ➜ C9, die im Volksmund **Marmorkirken** genannt wird. Um sie herum stellen Statuen die bedeutenden Kirchenväter Dänemarks dar, vom Apostel des Nordens, dem hamburgisch-bremischen Erzbischof Ansgar, über den Philosophen Søren Kierkegaard bis zu Grundtvig, der schon Mitte des 19. Jahrhunderts die dänischen Volkshochschulen ins Leben rief. Von der Aussichtslaterne der monumentalen Kuppel eröffnet sich eine großartige Perspektivflucht, die über die Königsresidenz Schloss Amalienborg bis zum Hafenbecken mit dem nach Plänen des dänischen Stararchitekten Henning Larsen gebauten **Opernhaus** (Operaen) ➜ D11 verläuft. Beim Queren der Bredgade blinken links golden die Zwiebeltürme der orthodoxen **Alexander-Newskij-Kirche** ➜ C9.

❺ **Schloss Amalienborg** ➜ C/D9/10, vier um einen Achteckplatz herum angeordnete Palais mit ihren angewinkelten Seitenflügeln, beeindruckt vielleicht gerade zu schon etwas späterer Stunde durch seine schlichte Großzügigkeit: Ohne die Menge, die in der Saison zur **Wachablösung** herbeiströmt, erkennt man die kunstvollen Pflasterornamente um das Reiterdenkmal Frederiks V., der sich und seiner Familie aus dem Hause Oldenburg hier ein städtebauliches Denkmal setzte. Der Palais Christian VIII., der das Amalienborgmuseum beherbergt, kann besichtigt werden. Geradezu bescheiden wirken die schmalen, wegen der Bärenfellmützen überhohen, rotgestrichenen Holzschilderhäuschen, die den auf und ab patrouillierenden Leibgardisten bei Regen Schutz bieten. Sparsam aus Holz gefertigt sind auch die Säulen im Durchgang zur Amaliegade, deren Stein imitierende Farbe an den Sockeln bröckelt.

Der Rundgang führt nun zum Wasser hin in den **Amaliehaven** ➜ C/D10, einen schmalen Park, von wo man rechts das spektakuläre, von Lundgaard und Tranberg entworfene und 2008 fertiggestellte **Schauspielhaus** (Skuespilhuset) ➜ D10 am Hafenbecken erblickt. Im Gegensatz zum etwas wuchtig geratenen, schräg gegenüberliegenden Opernhaus sparten Architekturkritiker bei diesem Bau nicht mit Lob. Die in der Zwischenzeit tief stehende Abendsonne lässt das Wasser

Ein Rundgang durch Kopenhagen

Das Opernhaus entwarf Henning Larsen

einer Fontäne und die umgebenden Brunnensäulen wie abstraktes Goldgeschmeide glitzern.

So flach trifft das Licht nun auch auf die matte Bronze der *Lille Havfrue* – deshalb steht sie am Ende dieses Vorschlags für einen Stadtrundgang. In den Sommermonaten könnte man sie auch noch nach einem frühen Abendessen aufsuchen. Doch es ist noch ein gutes Stück Weg bis zu dem in aller Welt bekannten Wahrzeichen der Stadt. Wer genug gelaufen ist, wartet hier einfach auf einen Wasserbus und lässt sich zur Meerjungfrau schippern.

Die anderen schlendern über den Fußgängern vorbehaltenen Hafenkai Larsens Plads an **Den Kongelige Afstøbningssamling** ➜ C10 im einstigen Vestindisk Pakhus vorbei. Vor dieser Königlichen Abgusssammlung steht eine Kopie des »David« von Michelangelo. Das Original ist in Florenz zu Hause. Am Nordre Toldbod flankieren zwei Pavillons den Anlegeplatz der Königsyacht »Danebrog«. Dahinter dann endlich, unterhalb der Promenade auf einem Felsbrocken, sitzt die ❻ **Kleine Meerjungfrau** ➜ A10/11, die in die Weite, auf ihr Element, das Meer, hinausblickt.

Wer sich an der Märchenfigur sattgesehen hat, kann sich ebenso wie viele Kopenhagener auf den Wällen des nahen **Kastells** ➜ A/B10 ins Gras setzen und auf das **Fort Trekroner** ➜ aF5 und die Hafeneinfahrt blicken, bis die Sonne versunken ist.

Das Schauspielhaus liegt am Hafen gegenüber der Oper

Streifzüge

Tivoli – Vergnügungspark mit über 170-jähriger Geschichte

Ein Stück gute alte Zeit verkörpert dieser Park mitten in Kopenhagens Innenstadt, der seit über 170 Jahren auch ohne den Einfluss von Disneyland und Co ein Magnet für alle Altersklassen ist. Mit mehr als vier Millionen Besuchern pro Jahr ist der ❼ **Tivoli** ➜ F6/7 die beliebteste Sehenswürdigkeit der Stadt. Der Gründer des Parks, Verleger Georg Carstensen (1812–57), war seinerzeit bekannt für bunte Feste, die er für die Abonnenten seiner Zeitungen »Portefeuillen« und »Figaro« in den Königlichen Gärten gab. Diese Art der Kundenbindung stieß auf so viel Zuspruch, dass Carstensen König Christian VIII. um Erlaubnis für einen festen Amüsierpark in der Stadt bat. Der König soll dem Vorhaben mit dem Argument zugestimmt haben, dass in einem sich amüsierenden Volke revolutionäres Gedankengut weniger sprieße.

Inspiriert von seinen Reisen konzipierten Carstensen und der verantwortliche Architekt Hans Conrad Stilling den Park nach dem Vorbild englischer Lustgärten (z.B. Vauxhall Gardens, ein Vergnügungspark in London) und der Gartenanlage der italienischen Stadt Tivoli. 1843 eröffnete »Tivoli & Vauxhall« vor den einstigen Wallanlagen der Stadt mit zwei Fahrgeschäften, verschiedenen Spielbuden, Schaukeln und einem Restaurant – für alle Gesellschaftsschichten. Eine Besonderheit der damaligen Zeit, denn die Möglichkeiten des Amüsements für einfache Leute waren und wurden begrenzt.

Viele Traditionen, so das Feuerwerk am Mittwoch und Samstag, die schon 1844 gegründete Knabengarde in den Festuniformen der Königlichen Leibwache, die Konzerte und das Pantomimentheater im Chinesischen Pfauenpavillon von 1874 sind geblieben. Neue und nervenkitzelnde Attraktionen wie die rasante Bahn »Dämon« kamen hinzu.

Auf dem zwölf Fußballfelder großen Areal blühen in der Hauptsaison ständig Tausende Blumen, über 85 000 Glühbirnen tauchen es abends in anheimelndes Licht, über 200 Konzerte ziehen die jährlich über 4,5 Millionen Zuschauer in ihren Bann, die das einmalige Ambiente genießen, das die etwa 30 Bistros und Restaurants mit ihren Spezialitäten abrunden.

Halloween wird auch im Freizeitpark Tivoli gefeiert

Auch in der Vorweihnachtszeit öffnet der Park seine Tore als großer städtischer Weihnachtsmarkt. An den Ständen gibt es Naschzeug, einen wärmenden Glühwein oder originelle Geschenke, vor der Chinesischen Pagode ziehen Schlittschuhläufer ihre Kurven und das Königliche Dänische Ballett führt den »Nussknacker« im Konzertsaal auf. Zur 170-Jahr-Feier im Jahr 2013 wurde der Vergnügungspark um einige Attraktionen erweitert (vgl. auch S. 50 f.).

Tivoli · Über Dänemarks »Riviera« nach Helsingør

Den modernen Anbau der Ordrupgaard Samlingen aus schwarzem Lava-Beton entwarf Stararchitektin Zaha Hadid

Über Dänemarks »Riviera« nach Helsingør

Als ihre »Riviera« bezeichnen Kopenhagener gern den nördlichen Küstenabschnitt bis Helsingør. Die Strandvejen (Strandweg) genannte rund 45 Kilometer lange Traumstraße führt – mit ständigem Blick über den Øresund zum Nachbarland Schweden – durch ehemalige Fischerorte, die seit Jahren als Wohnorte begehrt sind. Das ursprüngliche Ambiente aus reetgedeckten niedrigen Häusern ergänzen Freizeitmarinas, wunderschöne den Hang hinaufkletternde weiße Villen, Landhäuser und Sommerresidenzen sowie renommierte Kunstmuseen.

Schon im Vorort Klampenborg mit seinem Strandbad ist man der Hauptstadt entrückt. International bekannt wurde der Ort durch die von Arne Jacobsen entworfene **Bellavista-Wohnsiedlung** ➡ aE5 (1931–34), deren weiße Apartmenthäuser aufgrund des Meerblicks und der modernen Architektur seit je begehrt sind. 2002, zum 100. Geburtstag Jacobsens, ließ die Stadt die Anlage samt »Restaurant Jacobsen« und Theater sowie der US-amerikanisch wirkenden Tankstelle in Skovshoved Havn sanieren.

Gleich bei Klampenborg überrascht **Ordrupgaard Samlingen** ➡ aE4, eine der größten privaten Kunstsammlungen der Welt mit Werken bedeutender französischer Impressionisten und dänischer Malerei des 19. und 20. Jahrhunderts. Der erfolgreiche Versicherungsunternehmer Wilhelm Hansen erwarb zwischen 1916 und 1936 vor allem Werke namhafter französischer Künstler wie Degas, Pissarro, Renoir und Gauguin. Die eigens für diese Werke entworfene Galerie bildete einen Teil seiner Sommerresidenz, die inmitten eines fünf Hektar großen Parks liegt, in dem man picknicken darf (Mo–Fr 8.30–17.30, Sa–So 10.30–17.30 Uhr). Das heutige Museum versah die renommierte Architektin Zaha Hadid († 2016) mit einem modernen, fünf Millionen Euro teuren Anbau, der 2005 eingeweiht wurde.

Seit 2008 ist das **Wohnhaus von Finn Juhl** (1912–89) Bestandteil des Komplexes und darf besichtigt werden. Der dänische Designer gilt als Wegweiser für das, was heute als dänisches Design bekannt ist. Sein von ihm entworfenes Wohnhaus, 1942 gebaut, befindet sich am Rande des Parks.

Streifzüge

Kurz hinter Ordrupgaard erstreckt sich **Jægersborg Dyrehave** ⇒ aE4, ein Tiergarten, der mit seinen Damwildrudeln noch seinen Namen verdient. Hier zogen einst die Könige vom Barockschlösschen Eremitage zur Jagd. Zwar findet noch heute jährlich im November die Hubertusjagd (www.hubertusjagt.dk) statt, eine Fuchsjagd ohne echten Fuchs, aber inzwischen ist der Park bei Wochenendausflüglern vor allem wegen der angebotenen Kutschfahrten beliebt.

Der Strandvej führt an kleinen Häfen vorbei weiter nach **Rungsted** ⇒ aD4, wo im einstigen Schloss Hørsholm (Hirschholm) der deutschstämmige königliche Leibarzt des labilen dänischen Königs Christian VII., Graf von Struensee, ein Verhältnis mit der Gemahlin des Königs, Caroline Mathilde, pflegte. Struensee gewann nicht zuletzt durch diese Beziehung Einfluss im Staat, den er unter anderem dazu nutzte, Reformen, etwa die Abschaffung der Folter, durchzuführen. Seine Bestrebungen stießen jedoch am Hofe auf wenig Gegenliebe, so dass man ihn 1772 verhaftete und zum Tode verurteilte.

In Rungsted liegt auch das Geburts- und Wohnhaus der dänischen Autorin **Karen Blixen** ⇒ aD4 (1885–1962), das 1991 zum Museum umgebaut wurde. Blixen verbrachte 17 Jahre in Afrika als Farmerin, kehrte 1931 nach Rungsted zurück und schrieb hier ihre international bekannten Werke wie »Afrika, dunkel lockende Welt« (1937), das dem Film »Jenseits von Afrika« (1985) als Vorlage diente. Eine Büchersammlung und afrikanische Porträtgemälde, eine Fotoschau und zahlreiche Erinnerungsstücke der Autorin sind in dem kleinen Museum, das 1991 eröffnete, zusammengestellt. Die einstige Wohnung kann in kleinen Gruppen besucht werden. Hinter dem Haus befindet sich eine schöne Parklandschaft, ein Vogelschutzgebiet, das Besuchern offen steht.

Im Nachbarort Nivå befindet sich die **Nivaagaards Malerisamling** ⇒ aC/aD4 des Gutsbesitzers und Kunstsammlers Johannes Hage (1842–1923). Sie umfasst europäische, vor allem italienische und niederländische Gemälde aus dem 16. bis 18. Jahrhundert sowie Gemälde des dänischen Goldenen Zeitalters Anfang des 19. Jahrhunderts. Zwischen 1989 und 1992 wurde das Museum erweitert, um auch Sonderausstellungen Raum zu geben.

Durch einen unrühmlichen Zwischenfall stand die Nivaagaard-Sammlung 1999 für einige Monate im Rampenlicht. Zwei Gauner entwendeten die vollkommen ungeschützten Gemälde »Porträt einer Dame« (Rembrandt) und »Porträt eines jungen Mannes« (Giovanni Bellini), die zusammen mehrere Millionen Euro wert sind. Die Ermittler gingen

Erkundungstouren durch den Dyrehavn per Kutsche

Über Dänemarks »Riviera« nach Helsingør

Giacometti-Skulpturen im Museum Louisiana

zunächst von Profi-Kunsträubern aus, bevor sie zwei Kleinganoven im August desselben Jahres fassen konnten. Inzwischen hängen die Gemälde, gut gesichert, wieder an ihrem alten Platz. Der Fall sorgte jedoch für so viel Aufsehen, dass sich ein dänischer Regisseur des Themas annahm. Die Gaunerkomödie »Stealing Rembrandt – Klauen für Anfänger« eröffnete 2003 das Internationale Filmfestival von Kopenhagen und avancierte zum dänischen Kinohit.

Eine der Höhepunkte der Küstenfahrt ist jedoch **Louisiana** ⇒ aC4, eines der schönsten Kunstmuseen der Welt. Der Name hat nichts mit dem US-amerikanischen Bundesstaat zu tun, sondern wurde vom Gründer zu Ehren seiner Frau Louise der Keimzelle der Sammlung, einem weißen, allerdings auch fast südstaatlich wirkenden Holzhaus, gegeben. Dieser kunstsinnige Knud Jensen, zunächst Lebensmittelgroßhändler, begann ein paar Jahre nach dem Krieg zeitgenössische dänische, dann internationale Kunst zusammenzutragen. Nach und nach mussten moderne Trakte angebaut werden, auch sie folgen dem Hanggelände und der Grundidee von einem »Anti-Museum«, in dem sich der Besucher in der Einheit von Landschaft, Kunst und Architektur heimisch fühlen kann. Da werden die wuchtig-düsteren Skulpturen des Deutschen Anselm Kiefer mit einem farbstarken Riesengemälde des Dänen Per Kirkeby konfrontiert, und vor der Caféterrasse über dem Øresund spielt der Wind mit dem Calder-Mobile »Little Janay-Wanay«. Ein smørrebrød nach dem Flanieren über viele Ebenen auf der Caféterrasse bleibt unvergesslich.

Gleich auf Humlebæk folgt die »Hamletstadt« **Helsingør** ⇒ aB4/5. Bis zur Freigabe der Øresundbro Kopenhagen–Malmö im Sommer 2000 war der Hafen mit seinem emsigen Hin und Her von Auto- und Eisenbahnfähren wichtigster Brückenkopf zwischen Festlandeuropa und Norwegen/Schweden. An der nur vier Kilometer breiten Sundenge zwischen Kattegat und Ostsee ließ Erik von Pommern 1425 eine erste Burg bauen, auf ihren Mauern wurde 1574 bis 1585 im Auftrag von Frederik II. **Schloss Kronborg** ⇒ aB5 als Sperr- und Zollfestung errichtet. Die Burg brannte 1629 ab, wurde jedoch durch Christian IV., Sohn Frederiks II., im gleichen Stil wieder aufgebaut. 1658 bombardierten und okkupierten schwedische Truppen Kronburg, und 1785 bis 1924 nutzte man die Räumlichkeiten als Militärbaracken. Nach einer gründlichen Sanierung öffnete das Schloss 1938 für die Öffentlichkeit.

Streifzüge

Schwermütig grübelnd soll sich – so William Shakespeare in seinem Drama – der Dänenprinz Hamlet auf den Wällen wandernd die Frage nach Sein oder Nichtsein gestellt haben. Doch der wahre »Amled« lebte 700 Jahre vor dem Schlossbau am jütländischen Limfjord und ging nicht als melancholischer Grübler, sondern als tatkräftiger Wikingerfürst und Rächer seines ermordeten Vaters in die Geschichte ein.

Eine weit größere Rolle spielt in Kronborg jedoch **Holger Danske**. Als Riesenstatue träumt er im Schlosskeller vor sich hin, doch käme das Land einmal in große Not, werde er, so die Sage, seine Versteinerung abschütteln und jeden Feind mit seinem mächtigen Schwert besiegen wie einst Karl den Großen.

Zu besichtigen sind unter anderem der größte **Ballsaal** in Nordeuropa (62 × 12 m), die beim großen Brand 1629 nicht zerstörte Kirche, die königlichen Gemächer, die **Kasematten** mit der Statue von Holger Dankse sowie Gemälde und Gobelins aus dem 17./18. Jahrhundert. In der gotischen Marienkirche (1430–50) zeigt ein kleines Porträt den Dänenadmiral Pothorst, der schon 1475, also vor Kolumbus, nach Amerika gesegelt sein soll. Auf der Kirchenorgel spielte der deutsche Virtuose und Komponist Dietrich Buxtehude, der hier 1660 bis 1668 Kantor war. Schloss Kronborg ist seit 2000 UNESCO-Weltkulturerbe und eine der meistbesuchten dänischen Sehenswürdigkeiten.

Bis 2013 bot das Handels- und Seefahrtsmuseum im Schloss Sammlungen zur Geschichte der dänischen Handelsseefahrt und des Kolonialismus. Inzwischen ist das **M/S Museet for Søfart** in einen Neubau vor dem Schloss gezogen.

Helsingør ist seit 2012 um eine Attraktion reicher: die von dem Künstlerduo Elmgreen & Dragset geschaffene, auf Hochglanz polierte **Edelstahlskulptur »Han«** (Dänisch für »Er«) an einem Pier vor dem Kulturhaus der Stadt – unweit des Schlosses. Das menschlich-männliche Pendant zur Kleinen Meerjungfrau von Kopenhagen schließt einmal pro Stunde die Augen.

Ordrupgaard Samlingen/
Ordrupgaard Sammlung ➡ aE4
Vilvordevej 110
2920 Charlottenlund

Bahn: Klampenborg oder Lyngby, dann Bus 388: Vilvordevej und 2 Min. Fußweg
℡ 39 64 11 83

Kronborg Slot in Helsingør aus der Vogelperspektive

Über Dänemarks »Riviera« nach Helsingør

www.ordrupgaard.dk
Di, Do/Fr 13–17, Mi bis 13–21, Sa/So 11–17 Uhr
Eintritt DKK 110, bis 18 J. frei
Eine der größten privaten Kunstsammlungen der Welt. Schöner Blick in den Park von den Panoramafenstern des Cafés. Museumsshop im Haus.

Jægersborg Dyrehaven/Hirschpark ➜ aE4
Bus 6, 185, 388
Der Naturpark mit ca. 2000 Rehen und Hirschen, 10 km nördlich vom Stadtzentrum bei Klampenborg/Taarbæk gelegen, ist heute beliebtes Erholungsgebiet der Kopenhagener.

Karen Blixen Museet ➜ aD4
Rungsted Strandvej 111
2960 Rungsted Kyst; Bahn: Rungsted Kyst, dann Bus 388
✆ 45 57 10 57
www.blixen.dk
Mai–Juni, Sept. Di–So 10–17, Juli/Aug. auch Mo 12–19, Okt.–April Mi–Fr 13–16 und Sa/So 11–16 Uhr,
Eintritt DKK 75, bis 14 J. frei
Geburts- und Wohnhaus der dänischen Autorin. Buchladen, Café im Haus.

Nivaagaards Malerisamling/Nivaagaards Gemäldesammlung
➜ aC/aD4
Gammel Strandvej 2, 2990 Nivå
Bus 388 oder Bahn: Nivå, dann 10 Min. zu Fuß
✆ 49 14 10 17
www.nivaagaard.dk
Di–Fr 12–20, Sa/So 11–17 Uhr
Eintritt DKK 80, bis 18 J. frei
Private Kunstsammlung des Gutsbesitzers und Kunstsammlers Johannes Hage (1842–1923).

Louisiana ➜ aC4
Gammel Strandvej 13
3050 Humlebæk
Bahn: Humlebæk, dann 15 Min. Fußweg oder Bus 388
✆ 49 19 07 19, www.louisiana.dk

Hinter dem Karen Blixen Museet befindet sich ein idyllischer Park

Di–Fr 11–22, Sa/So bis 18 Uhr
Eintritt DKK 125, bis 18 J. frei
Eines der bedeutendsten Museen für moderne Kunst in Nordeuropa, 35 km nördlich von Kopenhagen. Im Sommer finden im Skulpturenpark Konzerte statt.

Kronborg Slot/Schloss Kronborg ➜ aB5
3000 Helsingør
Bahn: Elsinore und dann 15 Min. Fußweg oder Bus 388
✆ 49 21 30 78
www.kronborg.dk
April/Mai, Okt. tägl. 11–16, Juni–Sept. tägl. 10–17.30, Nov.–März Di–So 11–16 Uhr
Eintritt DKK 130, unter 18 J. frei
Die Festung liegt an der Einfahrt in den Øresund.

M/S Museet for Søfart/Seefahrtsmueum ➜ aB5
Ny Kronborgvej 1, 3000 Elsinore
Anfahrt vgl. Kronborg Slot
✆ 49 21 06 85, www.mfs.dk
Juli/Aug. tägl. 10–17, Sept.tägl. 11–17, sonst Di–So 11–17 Uhr
Eintritt DKK 110, bis 18 J. frei
Das eindrucksvolle Seefahrtsmuseum hat 2013 eröffnet. Es liegt quasi auf dem Weg zum Schloss Kronborg in unmittelbarer Nachbarschaft.

Fredensborg und Frederiksborg

Am Esrum Sø landein von Humlebæk liegt das schöne Barockschloss **Fredensborg** ➜ aC3, das nach Beendigung des Nordischen Krieges (1700–21) – daher »Friedensburg« – errichtet wurde. Das Gelände, auf dem das Schloss heute steht, erwarb König Christian V. 1678, um seiner Jagdleidenschaft zu frönen. Erst König Frederik IV. veranlasste rund 40 Jahre später den Bau eines kleinen Sommerschlosses, das, inspiriert durch seine Reisen in Südeuropa, im Stil italienischer und französischer Schlösser entstehen sollte. Gleichzeitig legte man Barockgärten in unmittelbarer Schlossnähe an – wie damals üblich. Bereits im Oktober 1722, zum Geburtstag des Königs, konnte das Gebäude eingeweiht werden. Bis heute residiert hier die Königin im Frühsommer und Herbst – dann wird die Residenz von der Bärenmützengarde bewacht.

Die **Königlichen Gärten**, die ganzjährig für Besucher geöffnet sind, gelten als die schönsten des Landes. Interessant sind die Sandsteinskulpturen von J.G. Grund, die einfache nordische Bauern und Fischer darstellen. Die privaten Gärten der Königsfamilie, sogenannte reservierte Gärten, können jeweils im Juli besichtigt werden.

Weitaus prächtiger, ja geradezu pompös ist das auf drei Inseln eines Sees bei Hillerød gebaute Renaissanceschloss **Frederiksborg** ➜ aC2. Das Gebäude wurde unter König Christian IV. 1620 fertiggestellt, nachdem sein Vater Frederik II. bereits 1560 mit der Planung begonnen hatte. Ende 1859 fiel der Haupttrakt einem Feuer zum Opfer, konnte jedoch, größtenteils finanziert durch die Spende des Brauers J.C. Jacobsen und der späteren Carlsberg Foundation, wieder aufgebaut werden und ist seitdem (1878) Sitz des **Nationalhistorischen Museums**, das die wichtigste Porträtsammlung des Landes beherbergt.

Im Rittersaal des 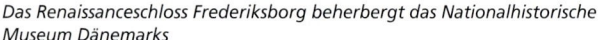 Schlosses unterzeichneten Dänemark und Schweden 1720 einen Friedensvertrag, ein Jahr darauf war der Große Nordische Krieg beendet. Die original erhaltene **Schlosskirche**, in der im Novem-

Das Renaissanceschloss Frederiksborg beherbergt das Nationalhistorische Museum Dänemarks

ber 1995 Prinz Joachim und Alexandra Manley heirateten, birgt eine Orgel von 1617.

Die im frühen 18. Jahrhundert angelegten barocken Gärten blieben leider nur rund hundert Jahre erhalten. Nicht nur waren sie aus der Mode gekommen, sondern wohl auch zu kostspielig in der Pflege. Erst in den 1990er Jahren konnten die finanziellen Mittel zur Wiederherstellung aufgebracht werden, so dass seit 1996 die Gärten wieder majestätisch blühen.

**Fredensborg Slot/
Schloss Fredensborg** ➜ aC3
3480 Fredensborg
Bahn: Hillerød, dann Lokalbahn
✆ 33 95 42 00
www.kongeligeslotte.dk
Schloss: teilweise Besichtigung mit Führung nur Juli tägl. 13–16.30 Uhr
Eintritt DKK 55/20
Private Gärten: nur Juli tägl. 9–17 Uhr, Eintritt DKK 55/20
Park: ganzjährig zugänglich
Hier residiert die Königsfamilie im Frühsommer und Herbst.

**Frederiksborg Slot/
Schloss Frederiksborg** ➜ aC2
Slotsgade, 3400 Hillerød
35 km nördl. von Kopenhagen
Bahn: Hillerød, dann Bus 301 oder 302
✆ 48 26 04 39, www.dnm.dk
www.frederiksborgslot.dk
Museum: April–Okt. tägl. 10–17, sonst 11–15 Uhr, Eintritt DKK 75/20
Barockgarten: tägl. 10–21 Uhr
Eines der schönsten Renaissanceschlösser Europas, auf drei Inseln errichtet.

Roskilde

Westlich von Kopenhagen, am Ende eines tief ins Land reichenden Fjords, liegt die ehemalige Hauptstadt Dänemarks, Roskilde ➜ aG1, die seit der ersten Jahrtausendwende und bis ins 15. Jahrhundert Königshof und Bischofssitz war. Über 150000 Besucher pilgern jährlich in die Stadt, um die **Roskilde Domkirke** zu besichtigen, in der bis heute 39 Herrscher und Königinnen bestattet wurden. Ihre monumentalen Grablegen sind höchst sehenswert.

Den Bau veranlasste der Gründer Kopenhagens, Bischof Absalon, um 1170. Seither wurde die rote Backsteinkathedrale entsprechend der jeweilig vorherrschenden Stilrichtung um Kapellen und Vorhallen erweitert und ist heute ein beeindruckendes Beispiel der Entwicklung der dänischen Architektur. Die Kupferspitzen wurden den beiden unvollendeten Türmen 1636 aufgesetzt. 1995 nahm die UNESCO die Kirche als Weltkulturerbe in ihre Liste auf, da sie der erste aus Backstein gebaute gotische Dom der Welt ist.

Das prachtvolle Altarbild im Dom malten um 1560 Renaissancekünstler in Antwerpen. Eine Kuriosität ist die Granitsäule in der Grabkapelle von Christian I. Sie diente in der Geschichte der Königsfamilie einigen Monarchen als »Messlatte« – von den nur 164 Zentimetern Christians VII. bis zu den 2,08 Metern von Zar Peter dem Großen.

Als letzter wurde der volksnahe Frederik IX., der Vater von Königin Margrethe, 1972 in der Glücksburger-Kapelle beigesetzt. Auf Wunsch der Familie erhielt er jedoch 1985 eine eigene Grabstätte – so ruht er nun als erster in einem offenen Klinkerachteck neben der Kirche unter einer schweren Granitplatte mit eingemeißeltem Anker.

Im nahen **Wikingerschiffsmuseum** sind Reste und Nachbauten von Booten zu sehen, die wohl zu Zeiten von König Harald Blauzahn, also

Streifzüge

Eines der fünf Wikingerschiffe, die 1962 geborgen wurden

vor rund 1000 Jahren, ausgedient hatten und versenkt wurden, um norwegische Rivalen an der Fjordenge bei Skuldelev aufzuhalten. 1962 bargen Archäologen fünf dieser Schiffe; seit 1969 sind sie in der Wikingerschiffshalle, die den Blick auf den Fjord freigibt, zu sehen. Neben verschiedenen Ausstellungen, die Einblick in das Leben der Wikinger geben, sind besonders die Bootsfahrten mit nordischen Nachbauten im Roskilde-Fjord (neben offenen Tagessegelfahrten finden auch Abendtörns statt) oder die Präsentation von Wikingerhandwerk auf der Museumsinsel eine Attraktion. Kinder können sich in der Wikingerschiffshalle als Wikinger verkleiden, ihren Namen in Runen schreiben, Schwerter schwingen, eine Kette basteln und ein Holzschild gestalten.

2004 lief hier der 30 Meter lange Neubau eines Wikinger-Kriegsschiffs, »Seehengst von Glendalough«, vom Stapel, an dem Handwerker mit originalgetreuen Werkzeugen über vier Jahre arbeiteten. Untersucht wurde dabei, mit wie viel zeitlichem und materiellem Aufwand Wikinger ein solches Schiff fertigten. Im Juli 2007 stachen 65 Neuzeit-Wikinger mit dem Langschiff Richtung Dublin in See, wo das Original vor über 950 Jahren entstanden sein soll.

Südlich von Roskilde hat sich seit 1971 ein Besuchermagnet ganz anderer Art entwickelt – das jährlich im Sommer stattfindende **Roskilde Festival.** Auf dem Mega-Festival treten vier Tage lang von Donnerstag bis Sonntag über 150 Bands auf sechs Bühnen vor fast 100 000 tobenden Fans auf. Das Gelände verwandelt sich bereits drei Tage vorher in einen riesigen internationalen Campingplatz, auf dem sich Rock- und Popfans einstimmen. Das Spektakel wird von einer Non-Profit-Organisation präsentiert, die den Gewinn für kulturelle, gemeinnützige Zwecke stiftet.

Tourist Information
➜ aG1
Stændertorvet 1
4000 Roskilde, Bus 201A, 204:
Stændertorvet, © 46 31 65 65
www.visitroskilde.com
Mo–Fr 10–17, Sa 10–13 Uhr

Lützhøfts Købmandsgård ➜ aG1
Ringstedgade 6–8
4000 Roskilde
Bus 202A, 205, 209: Schmeltz Plads, Absalons Skole
© 46 35 00 61
www.roskildemuseum.dk

Mo–Fr 11–17, Sa 10–14 Uhr
Eintritt frei
Aus der guten alten Zeit (1920er Jahre) stammt dieser bis an die Decke mit traditionellen Erzeugnissen angefüllte Gemischtwarenhandel. Nicht nur buntes Zuckerwerk, auch Holzschuhe und vieles andere werden hier mittels einer alten Waage nach Gewicht verkauft.

**Roskilde Domkirke/
Roskilde Domkirche** ➸ aG1
Domkirkepladsen 3
4000 Roskilde
Bus 201A, 204: Stændertorvet
✆ 46 35 16 24
www.roskildedomkirke.dk
April–Sept. Mo–Sa 10–18, So 13–18, Okt.–März Mo–Sa 10–16, So 13–16 Uhr, während der Gottesdienste geschl.
Eintritt DKK 60, bis 18 J. frei
Eines der bedeutendsten Bauwerke Dänemarks. Der Backsteinbau ist die Begräbnisstätte der dänischen Könige.

Roskilde Festival ➸ aG1
www.roskilde-festival.dk
2018 findet das Festival vom 30. Juni–7. Juli statt; 2019 vom 29. Juni–6. Juli. Es gibt Wochen- und Tagestickets. Tickets kauft man vorab über www.billetlugen.dk oder www.billetnet.dk. Kinder unter 15 Jahren erhalten nur in Begleitung eines Erwachsenen Zutritt. Vom Bahnhof Roskilde verkehren Shuttle-Busse.

**Vikingeskibsmuseet/
Wikingerschiffsmuseum** ➸ aG1
Vindeboder 12, 4000 Roskilde
Bus 203: Vikingeskibsmuseet
✆ 46 30 02 00
www.vikingeskibsmuseet.dk
Juli/Aug. tägl. 10–17, sonst 10–16 Uhr, Eintritt DKK 85 oder 130 (abhängig vom Monat), bis 17 J. frei
Hier sind die ergänzten Reste von fünf Wikingerschiffen zu sehen. Das Café/Restaurant Snekken bietet einen Blick über den Roskilde-Fjord. Im Museumshop: Bücher, Textilien und Wikingerschmuck. ∎

Seit 1995 UNESCO-Weltkulturerbe: die Roskilde Domkirke

Vista Points – Sehenswertes

Museen und Galerien, Stadtteile, Schlösser, Kirchen, Architektur und andere Sehenswürdigkeiten

Kopenhagen bietet eine vielfältige Museumslandschaft. Die aufgeführten Museen bilden eine Auswahl. Als Inhaber der **Copenhagen Card** (vgl. S. 84) erhalten Sie ermäßigten oder freien Eintritt. Rechnen Sie nach, ob sich die Karte für Sie lohnt, denn seit 2006 erheben viele staatliche Museen für Dauerausstellungen keinen Eintritt mehr. Und in zahlreichen Häusern ist am Mittwoch Museumstag: Sie sind länger geöffnet und/oder verlangen für die Dauerausstellungen keinen Eintritt.

Sechs Museen haben sich unter dem Namen **Parkmuseerne** zusammengeschlossen, für die es ein Kombiticket gibt (www.parkmuseerne.dk).

Kinder haben mitunter freien Eintritt, Buggys stehen in vielen Museen bereit. Größere Taschen und Jacken müssen häufig eingeschlossen werden. In einigen Museen wird der Eintrittspreis nach Jugendlichen und Kindern gestaffelt. Senioren zahlen in der Regel geringere Eintrittspreise, für Gruppen gibt es Rabatte.

Am Strand von Ishøj: ARKEN – Museum for Moderne Kunst

Museen und Galerien

Amagermuseet ➜ aG/aH5
Hovedgaden 4 & 12
2791 Dragør
Bus 350S, 73, 80: St. Magleby Kirke, dann 300 m zu Fuß
✆ 30 10 88 66
www.museumamager.dk
Tägl. außer Mo 12–16 Uhr, im Winter nur Mi und So
Eintritt DKK 40, bis 18 J. frei
Ein Stück Alt-Dänemark mit zwei strohgedeckten Bauernhöfen, in dem das Leben der niederländischen Einwanderer, die Anfang des 16. Jh. hierherkamen, veranschaulicht wird. Kinder erfreuen sich vor allem an den Tieren.

Amalienborg Museum
Vgl. Amalienborg Slot S. 41.

ARKEN – Museum for Moderne Kunst ➜ aH3
Skovvej 100, 2635 Ishøj
S-Bahnen A oder E: Ishøj, dann Bus 128
✆ 43 54 02 22
www.arken.dk

Museen und Galerien

Di–So 10–17, Mi bis 21 Uhr
Eintritt DKK 115, bis 18 J. frei
Das 20 km südlich von Kopenhagen am Strand von Ishøj gelegene Museum wurde 1996 eröffnet. Neben den über 400 Werken moderner dänischer und nordischer Kunst (vor allem Werke ab 1990) ist auch das extravagante Gebäude, entworfen von Søren Robert Lund, äußerst sehenswert. Die bereits in den Jahren 2008/2009 erfolgten Erweiterungen geben der Kunst und den Besuchern mehr Raum. Das Museumscafé, das an ein Schiff erinnert, bietet einen schönen Blick auf die Køge-Bucht. Im Shop gibt es Designartikel und Bücher.

> Das **Dansk Arkitektur Center** hat einen kostenlosen **Online-Guide zur dänischen Architektur** entwickelt. Mithilfe dieses Guides kann man sich seinen persönlichen Spaziergang zu selbst ausgewählten Sehenswürdigkeiten zusammenstellen lassen. Die Datenbank beinhaltet moderne Gebäude genauso wie historische. Man findet den Guide unter: www.danskarkitekturguide.dk.

Cisternerne – Museet for Moderne Glaskunst ➔ G1
Søndermarken
2000 Frederiksberg
Bus 6A: Roskilde Vej, Bus 18, 26 Pile Allé, Valby Langgade, Bus 4A, 171E: Søndre Fasanvej
✆ 30 73 80 32, www.cisternerne.dk
Di–So Mai, Aug. 11–19, Juni/Juli 11–20, Aug. 11–19 Uhr, Okt.–April geschl.
Eintritt DKK 60, bis 18 J. frei
Auf 3000 m² zeigt dieses Museum in den Zisternen unter Søndermarken, aus denen die Stadt noch bis in die 1980er Jahre Wasser bezog, moderne Glaskunst u. a. von Robert Jacobsen, Carl-Henning Petersen, Tróndur Patursson. Bitte bedenken Sie, dass es in den Zisternen recht kühl ist.

Dansk Arkitektur Center (DAC)
➔ F9
Strandgade 27 B
Metro 1, 2: Christianshavn
✆ 32 57 19 30
www.dac.dk
Ausstellung: tägl. 10–17, Mi bis 21 Uhr, Eintritt DKK 60, bis 18 J. und Mi 17–21 Uhr frei
Ausstellung zur Architektur anhand von Skizzen, Fotografien und Modellen in einem restaurierten Hafenspeicher in Christianshavn. Bestandteil des Komplexes ist auch ein Dokumentationszentrum der dänischen Architektur. Buchshop und Café mit Blick auf den Hafen sind angeschlossen.

Copenhagen Contemporary (CC)
➔ E10
Trangravsvej 10–12
✆ 29 89 72 88
www.cphco.org
Tägl. 11–21 Uhr
Eintritt DKK 75, bis 18 J. und Di 11–13 Uhr frei
Ende Juni 2016 eröffnete Ausstellung vor allem für großformatige Gegenwartskunst in vier Hallen auf der Papierinsel (Papirøen) gegenüber dem Schauspielhaus. Gezeigt werden auch Videoinstallationen und Performance-Kunst. Ab Anfang 2018 wahrscheinlich an anderer Stelle zu Hause, da die Zukunft des Geländes noch ungewiss ist.

Dansk Design Center (DDC)
➔ F8
Interim: Fæstningens Materialgård, Building B, Frederiksholms Kanal 30
✆ 33 69 33 69, www.ddc.dk
Das Hauptziel des Designzentrums ist die Förderung des dänischen Designs, von dessen Bedeutung und Innovation sich Besucher in Wechselausstellun-

Dänisches Design

Lego, Stelton, Bodum, Bang & Olufsen ... wer hat von diesen Marken nicht schon gehört. Sie alle stammen aus Dänemark, dem Land der schöpferischen Designer, die in der Gebrauchskunst seit Jahrzehnten internationalen Ruf genießen. Dänisches Möbel- und Objektdesign steht für klare, einfache Formen und für funktionelles Design, d. h. Vereinfachung, ohne Verlust von Funktion und Form. Ob Besteck, Geschirr, Küchengeräte und immer wieder Stühle – die Objekte sind zeitlos schön und beliebt.

Klassiker entdeckt man in Kopenhagen überall: in Museen, Hotels, Restaurants, Geschäften oder Privathaushalten. Kaum ein Däne, der nicht Modelle und Designer kennt oder selbst ein Designerstück besitzt.

Foto 1:	Die kleinen bunten Spielsteine, deren Name Lego eine Kombination aus den dänischen Wörtern *leg godt* (dt. spiel gut) ist, wurden bereits 1958 patentiert und eroberten später weltweit die Kinderzimmer.
Foto 2:	Die Stelton-Isolierkanne mit Kippverschluss entwarf Erik Magnussen 1977 als Auftragsarbeit für die Firma Stelton. Das Produkt sollte sich in die Reihe der Tisch- und Serviergegenstände aus Edelstahl harmonisch einfügen. Bis heute ist es der meistverkaufte Artikel der Firma.
Fotos 3, 5:	Die Stapelstühle (Foto 3) von Arne Jacobsen sind inzwischen in zahlreichen Farben erhältlich. Die Stühle »Schwan« und »Ei« (beide 1958, Foto 5) entwarf Jacobsen für das heutige Radisson Blu Royal Hotel in Kopenhagen.
Foto 4:	Designer Poul Henningsen experimentierte mit Lampen, die leuchten, ohne zu blenden. 1925 entwarf er seine erste »ph-Lampe« für die Firma Louis Poulsen. Das Licht wird von mehreren Schirmen reflektiert.
Foto 6:	Die Firma Georg Jensen ist bekannt für formschönes Besteck. Die Serie »Prisme« entwarfen Gert Holbek und Jørgen Dahlerup 1962.

gen überzeugen können. Das Gebäude am Andersens Boulevard wurde verkauft, bis 2018 steht die Realisation des neuen, Bryghusprojekt genannten Gebäudes am Hafen an. Bis dahin kann das Designzentrum nicht besichtigt werden.

Dansk Jødisk Museum/ Jüdisches Museum ➡ F8
Proviantpassagen 6 (im Garten der Königlichen Bibliothek)
✆ 33 11 22 18, www.jewmus.dk
Di–So 10–17, im Winter Di–Fr 13–16, Sa/So 12–17 Uhr
Eintritt DKK 60, bis 18 J. frei

Museen und Galerien

Höhepunkt im Design Museum Danmark: dänische Designklassiker

Das von Daniel Libeskind entworfene Museum eröffnete im Juni 2004 im ehemaligen Königlichen Bootshaus auf Slotsholmen. Die Ausstellung beschreibt die Geschichte der dänischen Juden. Libeskinds architektonisches Motto – Laufwege in Form des hebräischen Schriftzeichens für das Wort »*mitzwah*«, die gute Tat – erinnert an die zahlreichen Juden, die durch Mithilfe der dänischen Bevölkerung im Zweiten Weltkrieg gerettet werden konnten.

Davids Samling/
Davids Sammlung ➡ C/D8
Kronprinsessegade 30
℡ 33 73 49 49
www.davidmus.dk
Di–So 10–17, Mi bis 21 Uhr
Eintritt frei
Der Jurist Christian Ludvig David vermachte seine beachtliche Sammlung 1946 dem dänischen Staat. Die Kollektion islamischer Kunst ist die größte Skandinaviens und zeigt u. a. Teppiche, Zeichnungen, Glas. Ausgestellt ist auch europäische Kunst und Kunstgewerbe des 18. Jh., wie Porzellan aus der Königlichen Porzellanmanufaktur Kopenhagen, und frühe moderne Kunst aus Dänemark.

Design Museum Danmark ➡ C10
Bredgade 68
℡ 33 18 56 56
www.designmuseum.dk
Di–So 10–18, Mi bis 21 Uhr
Eintritt DKK 100, bis 26 J. frei
Die umfangreiche Sammlung des Museums ist im ehemaligen Frederiks-Krankenhaus aus dem 18. Jh. untergebracht und wurde bereits 1890 gegründet. Dänisches und internationales Kunstgewerbe, besonders aus China und Japan, sowie Design vom 16. Jh. bis zur Gegenwart sind in nahezu 60 Räumen des Rokoko-Gebäudes

Der Eingang des Dansk Jødisk Museum im ehemaligen Königlichen Bootshaus

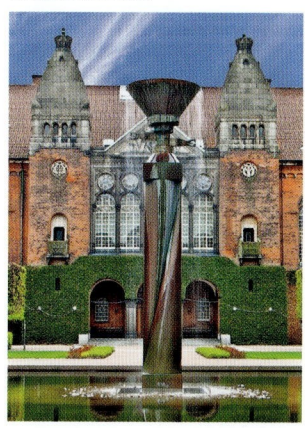

Vista Points

ausgestellt. Café und Museumsshop im Haus. Das Museum hieß bis 2011 Kunstindustrimuseet.

Dieselhouse ➡ südl. H6
Elværksvej 50
S-Bahn: Dybbølsbro und dann 15 Min. zu Fuß
✆ 32 54 02 27
www.dieselhouse.dk
Mo–Do 10–16, 1. und 3. So 10–13.30 Uhr
Eintritt frei
Die Ausstellung dieses 2006 eröffneten Museums widmet sich der Entwicklung des Dieselmotors vom 19. Jh. bis heute. Hauptattraktion ist ein 1932 von Burmeister & Wains gebauter Motor, der 30 Jahre lang als der weltweit größte galt. Er wird jeden ersten und dritten Sonntag im Monat um 11 Uhr für ca. 5 bis 10 Minuten angeworfen.

Dragør Museum ➡ aH5
Havnepladsen, Strandlinien 4
2791 Dragør
Bus 350S: Dragør Skole und dann zu Fuß
✆ 32 53 41 06
www.museumamager.dk
Mai–Sept. Di–So 12–16 Uhr

Im ältesten und größten Freilichtmuseum der Welt, dem Frilandsmuseet in Lyngby nördlich von Kopenhagen

Eintritt DKK 40, bis 18 J. frei
Lokalhistorisches Museum der ehemals bedeutenden Hafenstadt. Zu sehen sind eine seefahrtshistorische Sammlung und nachgestellte Einrichtungen von Seemannsheimen.

ENIGMA – Museum for Post, Tele og Kommunikation
➡ nördl. A8
Øster Allé 1 (Østerbro)
✆ 33 41 09 00
www.ptt-museum.dk
Wiedereröffnung der Dauerausstellung am neuen Standort 2018
Das Museum dokumentiert die Geschichte des dänischen Kommunikationswesens. Der Standort im Stadtzentrum wurde geschlossen, um der Sammlung ab 2018 in einem alten Postgebäude in Østerbro, in der Nähe des Parks Fælledparken, mehr Raum zu geben.

Experimentarium
Vgl. Kinder S. 73.

Frihedsmuseet/Freiheits-/Widerstandsmuseum ➡ B10
Churchillparken 7
Bus 1A: Esplanaden
✆ 33 47 39 21
www.natmus.dk
Im April 2013 wurde das Museumsgebäude durch einen Brand zerstört, die Sammlungen konnten gerettet werden. Der Wiederaufbau wird bis 2019 dauern.

Museum zur Geschichte des dänischen Widerstands unter der deutschen Besatzung während des Zweiten Weltkriegs, u. a. über die Arbeit der Untergrundpresse, Sabotageakte, Kriegsalltag und Judenverfolgung.

Frilandsmuseet/Freilichtmuseum ➡ aE4
Haupteingang: Kongevejen 100
Nordeingang: I. C. Modewegs Vej
2800 Kgs. Lyngby
Bus 184: Sorgenfri

Museen und Galerien

Sommer ✆ 33 47 38 55
Winter ✆ 33 13 44 11
www.natmus.dk
April–Okt. Di–So 10–17 Uhr, im Dez. an einzelnen Tagen geöffnet, vgl. Webseite
Eintritt DKK 65, Kinder frei
Das beliebte Freilichtmuseum von 1901 ist eines der ältesten und größten der Welt. Es besteht aus Höfen, Wohnhäusern, Gärten und Mühlen. Die Gebäude sind mit zeitgenössischen Möbeln und Gegenständen eingerichtet und können besichtigt werden. Auch Tiere gibt es in Lyngby. Aktivitäten und Vorstellungen bringen Kindern das Leben auf dem Land in der Zeit von 1650–1940 näher.

Unweit des Freilichtmuseums befindet sich das Museum **Brede Værk** (Brede Werk). Die Industrieanlage war im 19. Jh. Dänemarks größte Textilfabrik. Nun informiert die Ausstellung über die Arbeitsbedingungen in einer Fabrik, über die Geschichte der Industrialisierung und den Wohlfahrtsstaat (Infos unter: www.natmus.dk).

Guinness World of Records Museum
Vgl. Kinder S. 74.

Hans Christian Andersen Eventyrhuset/H. C. Andersen Märchenhaus ➡ F6
Rådhuspladsen 57
✆ 33 32 31 31
www.topattractions.dk
Mo–Fr 10–18, Fr/Sa bis 20 Uhr, im Sommer tägl. bis 22 Uhr
Eintritt DKK 54/36, Kombiticket mit Ripley's und Guinness Museum erhältlich
In quietschbunten, disneyartigen Ausstellungen mit Licht- und Toneffekten werden das Leben und die bekanntesten Märchen des Dichters nacherzählt. Das Museum Ripley's Believe it or Not! befindet sich im selben Gebäude.

Statue von Hans Christian Andersen in Kongens Have, dem Königsgarten um Rosenborg Slot

Den Hirschsprungske Samling/ Hirschsprung-Sammlung ➡ B7
Stockholmsgade 20
✆ 35 42 03 36
www.hirschsprung.dk
Di–So 11–16 Uhr
Eintritt DKK 75, bis 18 J. frei
Seit 1911 ist die feine Sammlung des Tabakfabrikanten Heinrich Hirschsprung (1836–1908) der Öffentlichkeit zugänglich. Dänische Gemälde, Skulpturen und Zeichnungen aus dem 19. und frühen 20. Jh. sowie Möbel aus den Atelierwohnungen der Künstler werden gezeigt. Das Museum hinter der Nationalgalerie grenzt an den Østre Anlæg mit Teich, einen der ältesten Parks der Stadt.

Karen Blixen Museet
Vgl. S. 20, 23.

Københavns Bymuseum/Stadtmuseum Kopenhagen ➡ F7
Stormgade 18, ✆ 33 21 07 72
www.copenhagen.dk
Stadtmodelle, Gemälde sowie Licht- und Tonschau dokumentieren die über 850-jährige Geschichte Kopenhagens. Die Aus-

★ Vista Points

Vor allem kleine Wikinger-Fans genießen den Aufenthalt im Nationalmuseum

stellung in Vesterbro ist seit 2015 geschlossen; sie wird 2018 in der Stormgade neu eröffnen.

Den Kongelige Afstøbningssamling/Königliche Abgusssammlung ➡ C10
Vestindisk Pakhus
Toldbodgade 40
☏ 33 74 84 84, www.smk.dk
Di 10–16, So 14–17 Uhr
Eintritt frei
In die Königliche Abgusssammlung in einem Speicher von 1797 wurden antike Skulpturen und Gipsabdrücke der staatlichen Museen ausgelagert. Über 2500 Skulpturen aus über 4000 Jahren präsentiert die zur Nationalgalerie gehörende, durch den Carlsberg-Brauer Carl Jacobsen initierte Ausstellung, darunter eine

Absolutes Highlight im Nationalmuseet: der Sonnenwagen von Trundholm aus der Nordischen Älteren Bronzezeit

Kopie der Venus von Milo und von Michelangelos David, der vor dem Museumsgebäude steht. Vor allem römische und griechische, aber auch ägyptische Werke.

Kongelige Stalde og Kareter/ Königliche Hofstallungen ➡ F8
Christiansborg Ridebane 12
☏ 33 40 26 76
www.christiansborg.dk
Okt.–April Di–So 13.30–16 Uhr, sonst tägl., Eintritt DKK 50/25, Kombiticket mit Empfangsräumen möglich
Zu besichtigen sind der Königliche Hofstall mit Wagen- und Reitpferden, die Kutschenhalle und der Geschirrraum in einem Seitentrakt von Schloss Christiansborg auf Slotsholmen.

Livgardens Historiske Samling/ Historische Leibgardensammlung ➡ C7
Gothersgade 100
☏ 45 99 40 00
Sa/So 11.30–15 Uhr, Eintritt frei
Das Museum informiert über die Geschichte und die Uniformen der Königlichen Leibgarde von 1658 bis heute. Es befindet sich in den Kasernen am Schloss Rosenborg. Von hier startet die Wache täglich um 11.30 Uhr zur Wachablösung vor Schloss Amalienborg.

Louisiana
Vgl. S. 21, 23.

❽ Nationalmuseet/ Nationalmuseum ➡ F7
Ny Vestergade 10
☏ 33 13 44 11
www.natmus.dk
Di–So 10–17 Uhr
Eintritt DKK 75, unter 18 J. frei
Das Nationalmuseum befindet sich in einem ehemaligen Prinzenpalast aus den Jahren 1743/44. Zahlreiche außergewöhnliche Exponate illustrieren die Geschichte und Kultur Dänemarks (von 13 000 v. Chr.

Museen und Galerien

Der Wintergarten der Ny Carlsberg Glyptotek

bis 2000). Die beeindruckende ethnografische Sammlung stellt die Völker der Welt vor. Außerdem: Antikensammlung sowie Königliche Münz- und Medaillensammlung. Das **Børnenes Museum** (Kindermuseum, schließt um 16.30 Uhr) soll die wichtigsten Geschichtsepochen auch Kindern nahebringen: Sie dürfen Nachbildungen anfassen, in einer historischen Schulklasse am Unterricht teilnehmen oder können sich per »Zeitmaschine« in die Wikingerzeit versetzen lassen. In einem Trakt zeigt das **Klunkehjemmet** viktorianisches Wohnmilieu vom Ende des 19. Jh. (Führung Juni–Sept. Sa 14 Uhr, DKK 50).

Die wichtigsten Stücke des Museums sind u. a. das Mädchen von Egtved (Raum 9), der Sonnenwagen von Trundholm (Raum 12), der Kessel von Gundestrup (Raum 17), die Frau von Huldremose (Raum 18) und die Goldhörner (Raum 22).

Im Museumsshop gibt es Miniaturkopien vom Sonnenwagen von Trundholm und vom Dagmarkreuz sowie Wikingerbücher und -spielzeug. Das Café/Restaurant befindet sich in der ersten Etage.

Zum Nationalmuseum gehören das Frilandsmuseet, das Frihedsmuseet (vgl. jeweils dort) und Brede Værk (vgl. Frilandsmuseet).

Nivaagaards Malerisamling
Vgl. S. 20 f., 23.

❾ Ny Carlsberg Glyptotek/Neue Carlsberg Glyptothek ➜ F7
Dantes Plads 7
☏ 33 41 81 41
www.glyptoteket.dk
Di–So 11–18, Do bis 22 Uhr
Eintritt DKK 95, bis 18 J. und Di frei
Eine der bedeutendsten Sammlungen antiker Skulpturen. Das Museum beherbergt in vier wunderbar ausgestatteten Gebäudeteilen über 10 000 Werke: Skulpturen und Gemälde, sowohl antike als auch moderne Kunst.

Carl Jacobsen, der Sohn des Gründers der Carlsberg-

Vista Points

Amedeo Modiglianis »Alice« (1915) im Statens Museum for Kunst

Brauerei, und seine Ehefrau Ottilia gründeten das Museum und ließen das erste Museumsgebäude in den 1890er Jahren von Vilhelm Dahlerup errichten. Es zeigt noch heute Jacobsens private Skulpturensammlung. Für Entspannung sorgt der Aufenthalt im beeindruckenden 1906 eröffneten Wintergarten, in dem sich auch das Café und der Buchshop befinden.

Die Sammlung der antiken Werke erhielt ebenfalls im Jahr 1906 einen gebührenden Rahmen im Gebäude des Architekten Hack Kampmann. Die zentrale, von Kolonnaden gesäumte Halle ist beeindruckend. Den letzten Trakt, aus Glas, entwarf der dänische Stararchitekt Henning Larsen. In ihm sind seit 1996 die französischen Impressionisten zu sehen. Auch Museumsmuffel können sich für dieses Ambiente begeistern, deshalb zählt die Glyptothek zu den beliebtesten Museen Dänemarks.

Ordrupgaard Samlingen
Vgl. S. 19, 22 f.

Ripley's Believe It or Not! Museum
Vgl. Kinder S. 74

❿ Statens Museum for Kunst/ Nationalgalerie ➡ B7/8
Sølvgade 48–50
✆ 33 74 84 94

Harmonische Verbindung von Alt und Neu – die Nationalgalerie

Museen und Galerien

www.smk.dk
Di–So 11–17, Mi bis 20 Uhr
Eintritt DKK 110, bis 18 J. frei
Die Sammlungen der dänischen Nationalgalerie umfassen ca. 10500 Werke vom 13. Jh. bis zur Gegenwart. Höhepunkte sind niederländische Kunst des 17. Jh., Gemälde aus dem Goldenen Zeitalter der dänischen Kunst (19. Jh.) und die zeitgenössische internationale und dänische Kunst (etwa Asger Jorn, Michael Kvium, Richard Mortensen, Erik Ortvad).

Das Zusammenspiel des historischen Gebäudes von Vilhelm Dahlerup (1896) und des modernen Erweiterungsbaus ist beeindruckend. Im Haus gibt es mehrere Klappstuhlstationen. Wer vor einem Gemälde verweilen will, nimmt sich einfach einen der kleinen schwarzen Stühle.

Das integrierte **Kindermuseum** steht Kindern zwischen 6 und 12 Jahren offen. Das **Café Republic** im neuen Trakt bietet durch die Panoramafenster einen Blick in den Park Østre Anlæg. Kunstbuchhandlung im Haus.

Teatermuseet/
Theatermuseum ➡ F8
Christiansborg Ridebane 18
☏ 33 11 51 76
www.teatermuseet.dk
Di–Do 11–15, Sa/So 13–16 Uhr
Eintritt DKK 40, bis 18 J. frei
Das Museum für dänische Theatergeschichte vom 18. Jh. bis heute befindet sich im alten Hoftheater von 1767 auf Slotsholmen, in einem Seitentrakt des Schlosses Christiansborg. Besucher können auch die alten Garderoben und die Bühne besichtigen.

Thorvaldsens Museum ➡ E8
Bertel Thorvaldsens Plads 2
☏ 33 32 15 32
www.thorvaldsensmuseum.dk
Di–So 10–17 Uhr, Eintritt DKK 60, bis 18 J. und Mi frei

Im Thorvaldsens Museum: Bertel Thorvaldsens marmorner »Jason und das goldene Vlies« (1803–28)

Die Skulpturen, Reliefs und Gemälde, die der Künstler Bertel Thorvaldsen (1770–1844), einer der bedeutendsten Bildhauer des Klassizismus, nach antikem Vorbild geschaffen hat, sowie seine Sammlung sind hier ausgestellt. Ein Fries unter dem Dach zeigt die Ankunft des Segelschiffs, das die Werke des lange in Rom ansässigen Dänen in die Heimat transportierte. Allein das Gebäude ist einen Besuch wert.

Tøjhusmuseet/
Zeughausmuseum ➡ F8
Tøjhusgade 3
☏ 33 11 60 37, www.thm.dk
Di–So 12–16 Uhr
Eintritt DKK 65, bis 18 J. frei
Waffen, Uniformen und andere Dokumente der Geschichte der dänischen Verteidigung sind in dem zwischen 1598 und 1604 erbauten Zeughaus König Christians IV. ausgestellt. Die 165 m lange Arsenalhalle im Erdgeschoss ist die längste Gewölbehalle Europas. Das Museum wurde renoviert und umgebaut.

Vikingeskibsmuseet ➡ aG1
Vgl. S. 25 f., 27.

Stadtteile

Brokvarter (Brückenviertel)

Vesterbro, Østerbro, Nørrebro heißen die im 19. Jh. entstandenen ehemaligen Arbeiterviertel, die, westlich von der Innenstadt gelegen, durch einen schmalen Gürtel von Seen von ihr getrennt sind – deshalb Brückenviertel. Die Viertel haben sich zu begehrten Wohn- und Ausgehvierteln entwickelt. In die sanierten Häuser zogen Cafés, Kneipen, Restaurants und Läden ein – nun sind sie die angesagten Viertel der Stadt.

Ausschlaggebend für diese Entwicklung war in **Vesterbro** ➜ F–H2–5 die Sanierung und Umwandlung der ehemaligen Viehhalle Øksnehallen in eine moderne Ausstellungshalle, was den Zuzug von Studenten und Kreativen förderte. Das hippe Vesterbro, einst das Arbeiter- und berüchtigte Rotlichtviertel Kopenhagens, ist geprägt von Galerien, Designershops sowie trendigen Bars und Restaurants auf der Vesterbrogade, Istedgade sowie am Halmtorvet, dem Kødbyen genannten ehemaligen Fleischverarbeitungszentrum.

Nørrebros ➜ A–C2–6 Renaissance begann am Sankt Hans Torv, wo sich heute bekannte Kneipen wie das Pussy Galore's Flying Circus und Sebastopol befinden. Das Viertel ist weniger teuer, dafür bunter, da es auch von »Neu-Dänen« geprägt wird. Auf der Elmegade, Blågårdsgade und Ravnsborggade gibt es einige Cafés, Kneipen und Läden. Für einen unterhaltsamen Abend sorgen u. a. das Kino Empire Bio (Guldbergsgade 29), die Diskothek Rust (Guldbergsgade 8) und die Mikrobrauerei Nørrebro Bryghus (Ryesgade 3).

Østerbro ➜ aF4, nordwestlich des Stadtzentrums, ist das feinere und grünere der drei Brückenviertel. Schon vor über 100 Jahren war Østerbro bei den Hauptstädtern beliebt, die der Hektik der Innenstadt entfliehen wollten. Und das tut man in Kopenhagens größtem Park, Fælledparken (Volkspark) ➜ nördl. A6 und entlang des Sortedam Sø ➜ A7–C6 noch heute. Østerbro ist eines der beliebtesten (und teuersten) Wohngebiete der Stadt, vor allem bei Familien; entsprechend höherpreisig sind Boutiquen und Restaurants. Beliebte Einkaufsstraßen sind Østerbrogade und Nordre Frihavnsgade. Zum Schlendern empfehlen sich Classensgade und Willemoesgade.

Eingang von Christiania

Stadtteile

Christiania ➡ F10/11
www.christiania.org
Infos zu Führungen unter:
www.rundvisergruppen.dk
1971 von Spontis und Hippies besetztes und zur Freistadt ausgerufenes ehemaliges Militärgelände hinter den Wällen von Christianshavn. An diesem »sozialen Experiment« scheiden sich die Geister: Die Gegner kritisieren Christiania als einen Hort der Kriminalität, des Drogenkonsums und der Gesetzlosigkeit, Befürworter halten die Autofreiheit, Klassenlosigkeit, den Umweltschutz (Recycling, ökologisches Bauen) und soziale Einrichtungen dagegen. Auf dem idyllischen, grünen Gelände wohnen etwa 900 Personen in teils selbst gebauten, individuellen Häusern.

Typisches Speicherhaus im Stadtteil Christianshavn

Alle Besucher (rund eine Million pro Jahr) sind willkommen, die Freistadt zu erkunden, jedoch mit dem nötigen Respekt gegenüber der Privatsphäre der Christianiten. Cafés, kleine Läden und die Grünflächen stehen zur Erholung zur Verfügung. Der Haupteingang befindet sich an der Prinsessegade, hier gibt es auch eine kleine Information und einen Lageplan. Folgende Dinge werden nicht toleriert: Rockerwesten mit Klubabzeichen, harte Drogen, Waffen, Autos und Motorräder.

Der Staat versuchte jahrelang, Christiania zu zerschlagen, auch weil das Gelände eine lukrative Immobilie ist. Aufgrund der Proteste und der Akzeptanz in der Bevölkerung lange vergebens. Im Februar 2011 entschied das Oberste Gericht Dänemarks zwar nach lange währenden Prozessen, dass nicht die Bewohner, sondern der Staat das Nutzungsrecht für das Gelände besitzt. Aber ein paar Monate später war die Zukunft der »Hippie-Republik« endgültig gesichert: Die Christianiten namen ein Verkaufsangebot des Staates an und erlangten somit permanentes Wohnrecht. Finanziert wurde der Kauf auch durch sogenannte Volksaktien.

Christianshavn ➡ F/G9–11
Anfang des 17. Jahrhunderts ließ König Christian IV. den Stadtteil, der mit der Innenstadt durch die beiden Brücken Langebro und Knippelsbro verbunden ist, errichten. Nach dem Stil Amsterdams wurden Straßen und der Christianskanal, der das gesamte Gebiet durchzieht, angelegt. Eine **Kanalboottour** ist sehr empfehlenswert (www.stromma.dk).

Bis heute konnte ein Großteil der historischen Bausubstanz erhalten werden, da Christianshavn von den Stadtbränden verschont blieb. Das älteste Haus des Stadtteils befindet sich in der Strandgade Nummer 32 (1624). Vor feindlichen Übergriffen sollte eine Mauer mit zwölf Bastionen die Stadt schützen.

Sehenswürdigkeiten in Christianshavn sind: Christians Kirke, Vor Frelsers Kirke, das Dansk Arkitektur Center, das Opernhaus auf Holmen und Christiania.

Durch zwei neue Fußgänger- und Radbrücken ist der Stadtteil besser angebunden: **Cirkelbroen** (über den Christianshavn-Kanal) und **Inderhavensbroen** (Verbindung zu Nyhavn).

Vista Points

Frederiksberg ➡ F/G1
www.frederiksberg.dk
Frederiksberg ist eine eigenständige, wohlhabende Kommune innerhalb Kopenhagens. Sie hat einen eigenen Oberbürgermeister, ein eigenes Krankenhaus, eine eigene Polizeistation und erhebt eigene Steuern, die niedriger sind. Neben den Straßenzügen mit den schönen Villen sind der **Frederiksberg Have** (Gartenanlage) und das gleichnamige Schloss, die viele Wochenendausflügler anziehen, sehenswert. Das barocke **Lustschloss** kann nur an jedem letzten Samstag des Monats um 11 und 13 Uhr (außer Dez., Juni/Juli) im Rahmen einer Führung besichtigt werden.

In den schönen Gartenanlagen empfehlen sich eine Bootsfahrt und der Besuch des **Zoos.** Das **Museet for Moderne Glaskunst** in den alten Zisternen unter Søndermarken ist ebenfalls sehenswert. Das **Carlsberg-Besucherzentrum** liegt am südöstlichen Ende des Parks. Haupteinkaufsstraßen von Frederiksberg sind Gammel Kongevej, Falkoner Allé and Godthåbsvej. Als Gourmetstraße ist Værnedamsvej bekannt: Hier befinden sich Delikatessengeschäfte, Restaurants und Cafés.

Ørestad ➡ aG5
www.orestad.dk

Als jüngster Stadtteil Kopenhagens ist Ørestad in aller Munde, denn die hier entstandenen Gebäude werden mit Architekturpreisen überhäuft. Seit der Wohnkomplex Bjerget beim World Architecture Festival 2008 in Barcelona als weltbestes Wohnhaus prämiert wurde, steigt das Interesse an Ørestad.

Das im Süden an die Stadt Tårnby grenzende Stadtviertel entsteht erst seit Anfang der 1990er Jahre. Die Bauarbeiten am bisher größten Stadtentwicklungsprojekt von Kopenhagen werden sich auch noch einige Jahre hinziehen. 20 000 Personen werden hier einmal leben, 60 000 hier arbeiten. Ørestad Nord soll als neues Medien- und Kulturzentrum fungieren. Die **Universität** und die IT-Universität sind bereits hier ansässig, und auch das beeindruckende **Konzerthaus** (DR Koncerthuset, Metrostation: DR Byen), das 2009 eingeweiht wurde. Bei den Musikern des nationalen Sinfonieorchesters sollen Tränen der Begeisterung geflossen sein, als sie das erste Mal im Studio der Halle spielten.

Ørestad City und Ørestad Syd heißen die beiden anderen Quartiere des Stadtteils.

Sehenswert sind im Grunde alle Bauten Ørestads, hervorzuheben sind das erwähnte **Bjer-**

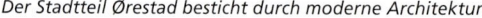

Der Stadtteil Ørestad besticht durch moderne Architektur

Stadtteile · Schlösser

get (Ørestads Boulevard 55), das **VM-Husene** (Ørestads Boulevard 57–59), das **Ørestad Gymnasium** (Ørestads Boulevard 75), das größte Wohnhaus Dänemarks, **8TALLET** (Richard Mortensens Vej 61) und das **Hotel Bella Sky Comwell** (Center Boulevard 5). In Ørestad befindet sich auch das Konferenzcenter **Bella Center** und das Kaufhaus **Field's**.

Unter www.orestad.dk erhält man Informationen und kann auch eine Tour durch den Stadtteil buchen. Mit der Metro M1, Haltestellen Bella Center oder Ørestad, gelangt man schnell dorthin.

Schlösser

❺ Amalienborg Slot/ Schloss Amalienborg ➙ C/D9/10
✆ 33 40 10 10
www.kongernessamling.dk
www.amalienborgmuseet.dk
Palais Christian VIII./Amalienborg Museum: Mai–Okt. tägl. 10–16, sonst Di–So 11–16 Uhr
Eintritt DKK 95, bis 17 J. frei
Die Winterresidenz der Königsfamilie. Seit 1794 königliches Schloss mit vier sich gleichenden Rokokopalais, die um einen achteckigen Platz gebaut sind, in dessen Mitte die Reiterstatue Frederiks V. steht. Zu besichtigen ist der Schlosstrakt Christians VIII., der das **Amalienborg Museum** beherbergt. Die kleine Ausstellung zeigt Wohn- und Arbeitsräume der vier vorherigen Herrscher. Die Sammlung ist mit der des Rosenborg Schlosses verbunden.

Der Palais Christians VII., früher Moltke-Palais genannt, dient seit dem Tod Christians VII. als Gästehaus der Königsfamilie und ist nicht für die Öffentlichkeit zugänglich. Ebenso die Residenz der Königin, Palais Christian IX., und die renovierten Räume des Palais Frederik VIII., seit 2010 die Residenz des Kronprinzen und seiner Familie.

Weht eine Flagge auf dem Palais der Königin, ist sie anwesend. Die Königliche Leibgarde bewacht das Schloss Amalienborg rund um die Uhr. Täglich um 12 Uhr findet dort die Zeremonie der **Wachablösung** statt. Wenn die Königin im Schloss ist, marschieren die Soldaten um 11.30 Uhr angeführt von einer Kapelle von Schloss Rosenborg durch Rosenborggade, Købmagergade, Østergade, Kongens Nytorv, Bredgade, Sct. Annæ Plads, Amaliegade zum Schloss Amalienborg. Diese Wache nennt sich *kongevagt,* Königswache.

Wenn nur die Prinzen im Schloss sind und als Regenten fungieren, geht die Leutnantswache *(løjtnantsvagt)* dieselbe Strecke, begleitet von Flöten und Trommeln. Wenn die Königsfamilie nicht im Schloss weilt, marschieren die Soldaten ohne musikalische Begleitung durch Kopenhagen von Schloss Rosenborg durch Gothersgade, Chr. IX's Gade, Kr. Bernikowsgade, Kongens Nytorv, Bredgade, Frederiksgade zum Schloss Amalienborg. Das nennt sich *palævagt (*Palastwache).

Alltags tragen die Leibgardisten zu ihren schwarzen Bärenfellmützen und blauen Biesenhosen schwarze Uniformröcke, nur zu Festtagen sind die Jacken rot.

Der 1983 gestaltete Garten **Amaliehaven** erhielt seinen Namen aufgrund seiner Lage zwischen Hafen und Schloss. Er ist immer geöffnet.

❷ Christiansborg Slot/ Schloss Christiansborg ➙ E/F7–9
Insel Slotsholmen
✆ 33 92 63 00
www.christiansborg.dk
Empfangsräume und Ruinen: Mai–Sept. tägl. 9–17, Okt.–April Di–So 10–17 Uhr, Ställe und Kutschen vgl. S. 34, Theatermuseum

Vista Points

Die Tapisserien Königin Margrethes II. in Christiansborg Slot

vgl. S. 37, Eintritt Empfangsräume DKK 90, 18 J. frei, Ruinen DKK 50/25, Kombiticket DKK 150, unter 18 J. frei
Folketing: nur mit Führung (© 33 37 55 00) oder wenn das Parlament tagt, Eintritt frei
Das Schloss befindet sich auf Slotsholmen und ist Sitz des dänischen Parlaments (Folketing), des Obersten Gerichtshofs und beherbergt die Empfangsräume der Königin und die Büros des Premierministers (im Nordflügel). An dieser Stelle baute bereits Bischof Absalon 1167 eine erste Burg, die jedoch mehrfach zerstört wurde. Die **Ruinen** können im Keller besichtigt werden. Eingang via Kongeporten (Königstor) unter dem Schlossturm vom Christiansborg Slotsplads aus.

Das erste Schloss Christiansborg wurde von Christian VI. in Auftrag gegeben und in den 1730er Jahren gebaut. Um 1740 zog die königliche Familie in den Barockbau, der jedoch 1794 abbrannte. Unter Frederik VI. begann der Wiederaufbau bis 1828. Jedoch entschied sich der König, der in der Zwischenzeit auf Schloss Amalienborg Quartier bezogen hatte, gegen Christiansborg als königliche Residenz. Dieses zweite, neoklassizistische Schloss diente deshalb vor allem repräsentatorischen Zwecken, es brannte jedoch 1884 ab. Das dritte Schloss, in seiner heutigen Form, wurde 1928 nach Vorlagen von Thorvald Jørgensen im neobarocken Stil fertiggestellt. Aufgrund der verschiedenen Bauphasen sind die erwähnten Stilelemente vereint. Auf dem Schlossvorplatz steht das Reiterstandbild Frederiks VII., des einzigen Königs, der in diesem dritten Schloss lebte (1852–63).

Die **königlichen Empfangsräume** können besichtigt werden. Von den etwa 14 Räumen sind vor allem der Thronsaal, die Große Halle, die Handbibliothek und der Alexandersaal beeindruckend. Im **Thronsaal** empfängt die Königin ihre Gäste, etwa neue Botschafter. Hier findet auch der Neujahrsempfang statt. Vom Balkon des Raumes wird die/der neue König(in) vom Premierminister ausgerufen, zuletzt 1972: »König Frederik IX. ist tot, es lebe Ihre Majestät Königin Margrethe II.!«

In der **Großen Halle** (40 × 14 m), dem Rittersaal, finden zu Ban-

Schlösser

ketten bis zu 400 Gäste Platz. Große Wandteppiche illustrieren die Geschichte Dänemarks. Der **Alexandersaal** ist benannt nach Alexander dem Großen, den man auf dem 35 m langen Marmorfries sieht, der vom berühmten Bildhauer Bertel Thorvaldsen ursprünglich für Napoleon gefertigt wurde. Abhängig von den Pflichten der Königin sind die Räume zugänglich oder nicht.

Seit 2014 kann der **Turm** des Schlosses kostenfrei bestiegen werden. Von oben hat man einen fantastischen Blick über die Stadt. Er beherbergt das Restaurant Tårnet (www.taarnet.dk).

Auf der **Insel Slotsholmen** befinden sich auch das Jüdische Museum, das Theatermuseum, Thorvaldens Museum, das Zeughausmuseum, das Museum der Königlichen Hofstallungen, die Schlosskirche, die ehemalige Börse, die Königliche Bibliothek (vgl. jeweils dort) und das **Lapidarium im Brauhaus** von Christian IV., in dem seit 2014 etwa 300 Statuen und Skulpturen gezeigt werden (tägl. 10–17, im Winter Mo geschl.).

Fredensborg Slot
Vgl. S. 24 f., 25.

Frederiksborg Slot
Vgl. S. 24 f., 25.

Kronborg Slot
Vgl. S. 21 f., 23.

**Rosenborg Slot/
Schloss Rosenborg** ➧ C7/8
Øster Voldgade 4 a

Das Renaissanceschloss Rosenborg birgt die dänischen Kronjuwelen

Vista Points

✆ 33 15 32 86
www.kongernessamling.dk
www.dkks.dk
Schloss: Juni-Aug. tägl. 10–17, Mai/Sept., Okt. tägl. 10–16, sonst Di–So 10–14 Uhr, Schatzkammer wie Schloss, Eintritt DKK 100, unter 18 J. frei, Gärten: tägl. 7 Uhr bis Sonnenuntergang
24 möblierte, gut erhaltene Räume des Renaissanceschlosses Rosenborg (1606–34) können besichtigt werden. Venezianisches Glas türmt sich auf vergoldeten Regalen bis zur Decke, den Marmorraum ließ Frederik III. mit prunkvollem Deckenstuck und barocken Möbeln ausstatten. Im Langen Saal stehen der Krönungsthron und drei große silberne Löwen. Die Kellergewölbe bergen seit 1975 die **Schatzkammer** u. a. mit den Kronjuwelen, Reichsinsignien und der Königskrone, die einst Symbol der absoluten Monarchie war. Das Schloss diente bis Anfang des 18. Jh. als königliche Sommerresidenz, seit 1838 ist es der Öffentlichkeit zugänglich. Der Schlosspark **Kongens Have** (Königsgarten), die älteste Grünanlage der Stadt (von 1606), ist im Sommer ein Eldorado für Sonnenanbeter.

Kirchen

Alexander Newskij Kirke ➡ C9
Bredgade 53
✆ 33 13 60 46
Besuch nur nach Anmeldung oder bei Messen zu besichtigen
Die Kirche der russisch-orthodoxen Gemeinde (1881–83) wird außen von drei goldenen Zwiebeltürmen bestimmt. Im Inneren beeindrucken Ikonen und russische Malereien. Den Bau veranlasste Maria Feodorovna, auch bekannt als Dagmar, Tochter Christians IX., die Zar Alexander III. heiratete, der sich wiederum an den Baukosten beteiligte.

Christians Kirke ➡ F9
Strandgade 1–2
✆ 32 96 83 01
www.christianskirke.dk
Di–So 10–16 Uhr, Eintritt frei
Die Rokokokirche im Stadtteil Christianshavn, 1755–59 erbaut nach Plänen von Nikolai Eigtved, hieß zunächst Frederiks Kirke nach dem gleichnamigen König. Bis 1886 war sie die Kirche der deutschen lutherischen Gemeinde, 1901 wurde sie von den Dänen übernommen und umbenannt. Beeindruckend sind die Galerien, die Theatergalerien ähneln, und der Predigtstuhl von 1832.

Grundtvigs Kirke ➡ aF4
Bispebjerg Torv/På Bjerget 14 B
Bus 6A: Bispebjerg Torv
✆ 35 81 54 42
www.grundtvigskirke.dk
April–Okt. Mo–Sa 9–16, Do bis 18, So 12–16 Uhr, Nov.–März Mo–Sa 9–16, Do bis 18, So 12–13 Uhr
Eintritt frei
An eine Orgel erinnert die Turmfassade dieser aus unverputzten gelben Ziegeln errichteten Kirche (1921–40). Der Architekt Peder Jensen-Klint vollendete sein Werk nicht selbst, sein Sohn Kaare stellte den Bau fertig. Die Kirche ist dem Bischof, Historiker, Kirchenlieddichter und Begründer der dänischen Volkshochschulen Nikolaj Grundtvig (1783–1872) gewidmet.

Die Grundtvigskirche zählt aufgrund ihrer außergewöhnlichen Bauform zu den bekanntesten Kirchen der Stadt und ist ein seltenes Beispiel eines expressionistischen Gotteshauses mit vornehmlich neugotischen Stilelementen. Hier finden regelmäßig Konzerte statt.

Holmens Kirke ➡ E8/9
Holmens Kanal 21
✆ 33 13 61 78
www.holmenskirke.dk
Mo–Sa 10–16, Di, Do bis 15.30, So

Kirchen

12–16 Uhr, Eintritt frei
Die ehemalige Ankerschmiede von 1563 ließ König Christian IV. zur Marinekirche (ab 1619) umbauen. Inzwischen ist der Renaissancebau auch Königliche Kapelle, in der Königin Margrethe II. 1967 getraut wurde. Außerdem liegen hier die Grabmäler berühmter Seeleute wie Niels Juel und Peter Tordenskjold. Es finden regelmäßig Konzerte statt, u.a. das Internationale Orgelfestival.

Marmorkirken/Frederiks Kirke
➡ C9
Bei Schloss Amalienborg
Frederiksgade 4
℗ 33 15 01 44
www.marmorkirken.dk
Mo–Do, Sa 10–17, Mi bis 18.30, Fr, So 12–17 Uhr, Eintritt frei
Repräsentativer Kuppelbau in barockem Stil von 1749–1894, offiziell Frederiks Kirke genannt. Die von Nikolai Eigtved entworfene Kirche sollte auf Wunsch Frederiks V. aus teurem norwegischem Marmor entstehen. Die hohen Kosten verhinderten 1770 die Fertigstellung. Erst 1894, mehr als hundert Jahre später, wurde durch die Finanzierung des neuen Besitzers, C. F. Tietgen, der Bau u.a. mit Kalkstein vollendet.

Die um die Kirche stehenden Statuen zeigen bekannte Persönlichkeiten der dänischen Kirchengeschichte. Die **Kuppel** mit großartigem Blick auf Schlossanlage und Hafen ist zugänglich (Mitte Juni–Ende Aug. tägl. 13 und 15 Uhr, sonst nur Sa/So, Eintritt DKK 35/20). In der Marmorkirken finden viele Hochzeiten statt.

Roskilde Domkirke
Vgl. S. 25, 27.

Sankt Petri Kirke ➡ D6/7
Nørregade/Sankt Peders Stræde
℗ 33 93 38 76
www.sankt-petri.dk
Eintritt Kirche frei
Grabkapelle März–Nov. Di–Sa 11–15 Uhr
Eintritt DKK 25, Kinder frei
Die deutsche Gemeindekirche

Der Marmor-Christus von Bertel Thorvaldsen in der Vor Frue Kirke

Vista Points

von 1450 ist die älteste Kirche der Kopenhagener Innenstadt. Im Laufe ihrer Geschichte mehrmals zerstört, besonders durch Stadtbrände, wurde die Kirche 1997/98 gründlich saniert. Besonders sehenswert sind die 1681 erbauten mehrstöckigen **Grabkapellen** mit zum Teil reich verzierten Särgen.

**Vor Frelsers Kirke/
Erlöserkirche** → F10
Sankt Annæ Gade 29
✆ 32 57 27 98
www.vorfrelserskirke.dk
Tägl. 11–15.30 Uhr
Eintritt Kirche frei
Turmaufstieg Mai–Sept. Mo–Sa 9.30–19, So/Fei 10.30–19, Okt.–April Mo–Sa 10–16, So/Fei 10.30–16 Uhr, DKK 35, Kinder frei, die Besteigung ist Mitte Dez.–Feb., bei Sturm oder starkem Regen nicht möglich
Um die 1752 vollendete Turmspitze der 1696 barock begonnenen Kirche windet sich außen eine **Wendeltreppe** vierfach. Die 150 Außenstufen können von schwindelfreien Besuchern erklommen werden. Von oben bietet sich ein schöner Blick auf die Krönung der Spitze (goldene Weltkugel und Jesusfigur) und über Kopenhagen. Der dänische Architekt des Turmes, Laurids de Thurah, ließ sich von der Jesuitenkirche Sant'Ivo alla Sapienza in Rom inspirieren. Der Legende nach soll er sich nach Fertigstellung vom Turm gestürzt haben.

Im Inneren der Kirche sind die kunstvollen Putten und Engelsfiguren und besonders die Orgel mit den beiden Stuckelefanten sehenswert.

**Vor Frue Kirke/
Liebfrauenkirche** → E7
Nørregade 8
✆ 33 14 41 28
www.koebenhavnsdomkirke.dk
Mo–Do, Sa 8.30–17, Fr 8.30–10.30 und 12–17, So 12–16.30 Uhr
Eintritt frei
Der Kopenhagener Dom wurde bereits 1191 gegründet. Mehrere Vorgängerbauten des heutigen neoklassizistischen Gebäudes (1811–29) fielen den Flammen zum Opfer, verursacht entweder durch Stadtbrände oder das englische Bombardement 1807. Berühmt sind die Jesusfigur und die Apostelfiguren im Kircheninneren, Arbeiten des bedeutenden Bildhauers Bertel Thorvaldsen.

Kronprinz Frederik und die Australierin Mary Donaldson heirateten hier am 14. Mai 2004. Den Ort der Trauung konnte das Brautpaar wählen, da das dänische Königshaus keine Kirche für Hochzeitszeremonien festlegt.

Architektur und andere Sehenswürdigkeiten

**Assistens Kirkegård/
Assistens Friedhof** → A/B3/4
Kapelvej 4
✆ 35 37 19 17, http://assistens.dk
April–Sept. tägl. 7–22, sonst 7–19 Uhr, Eintritt frei
Auf dem parkähnlichen Friedhof in der Verlängerung der Gothersgade sind der Märchendichter H.C. Andersen (Sektion P), der

Begehbarer Turm der Erlöserkirche

Architektur und andere Sehenswürdigkeiten

Philosoph Søren Kierkegaard (Sektion A) und der Arbeiterdichter Andersen Nexø (in der Nähe des Eingangs) bestattet. Der Friedhof ist ein beliebter Picknickort der Kopenhagener.

Børsen/Börse ➜ E/F8/9
Die auf der Insel Slotsholmen 1619–40 im Stil der niederländischen Renaissance erbaute Warenhalle der Kopenhagener Kaufleute wird heute für Feste und Konferenzen genutzt und ist nicht öffentlich zugänglich. Den Turm aus vier ineinander gewundenen Drachenschwänzen soll König Christian IV. selbst entworfen haben.

Botanisk Have/ Botanischer Garten ➜ B/C6/7
Haupteingang: Gothersgade 128
✆ 35 32 22 40
www.botanik.snm.ku.dk
Im Sommer tägl. 8.30–18, im Winter bis 16 Uhr und Mo geschl.
Eintritt frei
Der botanische Garten mit Rosarium, Palmenhaus (tägl. 10–15 Uhr) und Kakteenhaus (Mi, Sa/So 13–14 Uhr) gehört zur Kopenhagener Universität und beheimatet auf zehn Hektar eine Vielzahl tropischer und subtropischer Pflanzen. Das gläserne **Palmenhaus** ist eine Sehenswürdigkeit für sich. Das **Botanische Museum** zeigt die größte Sammlung getrockneter Pflanzen in Dänemark, die **Botanische Bibliothek** beherbergt die größte Sammlung botanischer Literatur in Dänemark. Die schöne Parkanlage ist eine Oase der Ruhe. Auf dem Gelände befindet sich ein Blumenladen.

Carlsberg Besøgscenter/ Carlsberg-Besucherzentrum
➜ H1
Gamle Carlsberg Vej 11
Bus 18, 26: Bjerregårdsvej oder mit dem kostenlosen Shuttlebus ab Hotel Royal (Vesterbrogade 6)

Palmenhaus und Seerosenteich im Botanisk Have

jede Std. 10–15 Uhr
✆ 33 27 12 82
www.visitcarlsberg.com
Mai–Sept. tägl. 10–18 Uhr, sonst 10–17, komplette Tour ca. 1,5 Stunden
Eintritt DKK 100/70, inkl. ein Bier/ Softdrink plus Geschenk
J.C. Jacobsen braute 1847 das erste Bier in dieser Brauerei und nannte es nach seinem Sohn Carl – Carlsberg. Das Besucherzentrum befindet sich im ehemaligen Brauhaus der weltweit agierenden Brauerei. Nach dem Rundgang durch die Ausstellungsräume gibt es eine Kostprobe.

Interessant ist die ständig wachsende Bierflaschensammlung, umfasst mehr als 16 000 Flaschen aus aller Welt. Die Sammlung startete ein dänischer Ingenieur 1968. Als er für diese in seinem Privathaus keinen Platz mehr fand, wurde sie 1993 in die Carlsberg-Brauerei verlegt.

Die Gründerfamilie der Brauerei Carlsberg ist nicht nur für ihren guten Geschäftssinn bekannt, sondern auch für die Kunstförderung (z.B. Ny Carlsberg Glyptotek, Kleine Meerjungfrau, Botanischer Garten).

Vista Points

Die gelben Reihenhäuser von Nyboder

**Gefion Springvand/
Gefion-Springbrunnen** ➡ B10
Bus 1A: Esplanaden
Der Brunnen zeigt die germanische Fruchtbarkeitsgöttin Gefion, der der schwedische König Gylfe laut einer Sage so viel Land versprach, wie sie an einem Tag pflügen könne. Sie verwandelte ihre vier Söhne in Ochsen und pflügte das heutige Gebiet von Seeland um, das dann von Schweden losgelöst wurde.

Jægersborg Dyrehaven
Vgl. S. 20, 23.

Kastellet ➡ A/B10
Bus 1A: Esplanaden
www.kastellet.info
Tägl. 6–22 Uhr
Eintritt frei
Das die Hafeneinfahrt beherrschende Bollwerk wurde zum Schutz gegen die Schweden 1625–67 angelegt. Die Anlage mit den fünf Bastionen ist sehr gut erhalten. Die Wälle sind ein beliebtes Ziel für Abendspaziergänge. Das Gefängnis, in dem der deutsche Leibarzt J. Friedrich Struensee 1772 auf seine Hinrichtung wartete, kann besichtigt werden.

Die Kleine Meerjungfrau befindet sich in unmittelbarer Nachbarschaft.

**Det Kongelige Bibliotek/
Königliche Bibliothek** ➡ F8
Christians Brygge
Søren Kierkegaards Plads 1
www.kb.dk
Auch wer in dieser Nationalbibliothek nicht studiert, wird die Idylle des Bibliotheksgartens mit der Statue des Philosophen Kierkegaard genießen. Neben dem zu eng gewordenen Bau wurde 1999 ein tiefschwarzer verglaster Trakt **(Den Sorte Diamant/Der Schwarze Diamant)** am Ufer des Hafenkanals angefügt. In der Bibliothek befindet sich auch das Nationalmuseum für Fotografie.

**Det Kongelige Teater/
Königliches Theater** ➡ E9
Kongens Nytorv 9
℅ 33 69 69 69
www.kglteater.dk
Das wunderschöne Gebäude des Nationaltheaters wurde 1748 nach Plänen von Nicolai Eigtved erbaut. Die zwei Statuen vor dem Theater zeigen Ludvig Holberg (1684–1754), Autor zahlreicher Komödien und wichtigster

Architektur und andere Sehenswürdigkeiten

Schriftsteller der dänischen Aufklärung, und Adam Oehlenschläger (1779–1850), Autor zahlreicher Tragödien und bedeutendster dänischer Dichter. Heute finden im Königichen Theater vor allem Ballettaufführungen statt.

6 Den Lille Havfrue/ Die Kleine Meerjungfrau → A10/11

Bus 1A: Esplanaden
Die kleine Meerjungfrau aus dem Märchen von H. C. Andersen sitzt als Bronzestatue, 1913 von Edvard Eriksen geschaffen, auf einem Felsblock am Ufer einer Promenade der Langelinie. Die vom Bierbrauer Carl Jacobsen gestiftete, 175 kg schwere Statue ist das bekannteste Wahrzeichen der Stadt. Ausflugsboote und Wasserbus halten dort, zu Land gelangt man mit dem Bus, Rad oder zu Fuß in ihre Nähe.

2010 machte die Kleine Meerjungfrau einen Ausflug nach China auf die Expo 2010 in Shanghai. Dort konnte man sie im dänischen Pavillon bewundern. Währenddessen nahm eine Installation des chinesischen Künstlers Ai Weiwei ihren Platz ein. Ai Weiwei entwarf auch das Olympische Stadion von Peking (»Das Vogelnest«). Eine Originalkopie der Meerjungfrau steht in den Tivoli-Gärten und eine kleine Kopie im Skulpturengarten der Carlsberg-Brauerei.

Nyboders Mindestuer → C9

Zwischen Øster Voldgade und Store Kongensgade
Das ab 1631 im Auftrag von König Christian IV. errichtete Reihenhausviertel war für die Familien der Flottenmatrosen bestimmt. Die gelb gestrichenen Bauten sind heute begehrt. Die Skt. Pauls Gade spiegelt den ursprünglichen Zustand am besten wider. Im Haus Nr. 24 befindet sich ein kleines **Museum** (www.facebook.com/NybodersMindestuer).

Operaen/Opernhaus → D11

Ekvipagemestervej 10
Tickets: ✆ 33 69 69 69
www.kglteater.dk
Foyer öffnet drei Stunden vor der Vorstellung
Nachdem der dänische Architekt Jørn Utzon in Sydney ein Opernhaus entworfen hatte, das zum Wahrzeichen der Stadt wurde, engagierte man für den Neubau des Kopenhagener Opernhauses ebenfalls einen dänischen Architekten. Henning Larsens Bau von 2005 steht dem in Sydney in Sachen Markantheit in nichts nach, jedoch ist er vielen zu wuchtig. Das Opernhaus auf der künstlichen Insel Holmen fällt besonders durch sein weit auskragendes Vordach auf. Interessant ist auch der Probenraum des Königlich Dänischen Orchesters: Der befindet sich fünf Etagen unter dem Auditorium und somit 13 m unter dem Meeresspiegel. 1400 Gäste finden im Auditorium mit seinen drei hufeisenförmigen Rängen Platz.

Øresundsbroen/ Øresund-Brücke → aG5

Eine der weltweit längsten

Blick vom »Schwarzen Diamanten«

Vista Points

Schrägseilbrücken verbindet seit 2000 Schweden mit dem europäischen Festland. Das Rekordbauwerk über die Meerenge Øresund dient sowohl dem Straßen- wie dem Schienenverkehr und lässt mit fast 60 m Durchfahrtshöhe auch große Schiffe passieren. Die eigentliche Brücke spannt sich vom schwedischen Malmö über 7,8 km zu einer 4,2 km langen, im Sund aufgeschütteten Insel. Dort taucht der Verkehr in einen 3,7 km langen Tunnel, der am Kopenhagener Flughafen Kastrup endet.

Bischof Absalon über dem Rathauseingang

Rådhus/Rathaus → F6/7
Rådhuspladsen
℡ 33 66 25 82
www.kk.dk
Tägl. Führungen, Information und Tickets am Empfang
Turmbesteigung: Mo–Fr 11 und 14, Sa 12 Uhr, DKK 20
Das repräsentative Stadthaus, zwischen Hauptbahnhof und Strøget gelegen, ist ein Backsteinbau, der 1892–1905 errichtet wurde. Über dem Portal prangt golden der Stadtgründer Absalon. Im Foyer zeigt **Jens Olsens Verdensur** von 1955, eine hochkomplizierte Weltuhr, Erden- und Sternzeiten an (Mo–Fr 8.30–16.30, Sa 10–13 Uhr). Vom 105,6 m hohen **Rathausturm** eröffnet sich ein Panoramablick über die Stadt.

❶ Rundetårn/Rundturm → D7
Købmagergade 52 A
℡ 33 73 03 73
www.rundetaarn.dk
Juni–Sept. tägl. 10–20, sonst bis 18, Di/Mi bis 21 Uhr
Eintritt DKK 25/5
Der emsige Stadterneuerer Christian IV. ließ diesen Stadtturm 1642 zum Observatorium umbauen. Es wird heute gelegentlich von Hobbyastronomen genutzt. Die Besonderheit ist der stufenlose, 209 m lange **Wendelgang** des Turms. Von oben bietet sich ein wunderschöner Blick auf Kopenhagen. Die frühere Bibliothek wird für Ausstellungen genutzt.

Beliebte Anekdote: Bei seinem Kopenhagenbesuch 1716 ritt Zar Peter der Große den Wendelgang des Rundturms entlang nach oben, seine Gattin nahm die Kutsche.

Skuespilhuset/Schauspielhaus → D10
Sankt Annæ Plads 36
℡ 33 69 69 69
www.kglteater.dk
Das imposante Schauspielhaus wurde nach einem Entwurf des dänischen Architekturbüros Lundgaard & Tranberg am Hafenbecken erbaut und 2008 eröffnet. Der futuristische Bau besticht durch braune Ziegel, viel Glas und eine Eichenholzpromenade, von der Cafébesucher und Spaziergänger die Sicht auf den Hafen und die Oper genießen können. Das Theater bietet drei Bühnen, der größte Saal fasst 650 Personen.

❼ Tivoli → F6
Haupteingang: Vesterbrogade 3
Weitere Eingänge: Bernstorffs Gade und H. C. Andersens Bou-

Architektur und andere Sehenswürdigkeiten

levard/Ecke Tietgensgade
© 33 15 10 01
www.tivoli.dk
Anfang April–Mitte Sept. So–Do 11–22/23, Fr/Sa bis 0.30, 20. Nov.–30. Dez. So–Do 11–22, Fr/Sa bis 23 Uhr
Eintritt Mo–Do DKK 110, Fr–So DKK 120 (ohne Fahrgeschäfte), unter 8 J. frei, Mehrfahrtenkarte *(turpas)* DKK 230, einfache Fahrtenkarte DKK 25

Einen Freizeitpark mitten in der Stadt und noch dazu mit einer ausgezeichneten Restaurantmeile – das gibt es nur in Kopenhagen. Auf dem Gelände: rund 30 Fahrgeschäfte, circa 30 Restaurants und Imbisslokale, Läden, Konzerthalle, Aquarium, eine Kopie der Kleinen Meerjungfrau und verschiedene Theater- und Musikbühnen. Der Park ist 2013 erweitert worden.

Wer Tivoli nur für einen Rundgang oder für einen Restaurantbesuch betreten will, bezahlt trotzdem Eintritt. Für diejenigen, die auch Fahrgeschäfte nutzen wollen, lohnt sich der *turpas*, der unbegrenzten Fahrspaß verspricht. Mit einem Plastikbändchen am Armgelenk weist man sich an den Fahrgeschäften aus. Auch wenn Sie einen *turpas* haben und ein Fahrgeschäft mehrmals benutzen möchten, müssen Sie sich nach jeder Fahrt wieder in die Warteschlange einreihen. Einzelne *tur-billets* können, falls man sich für den einfachen Eintritt entschieden hatte, auf dem Gelände am Automaten erworben werden. Für die wildesten Attraktionen benötigt man jedoch drei Einzelbillets (also DKK 75). Weitere Informationen gibt es unter »Streifzüge« auf S. 18.

Trekroner Søfort/
Trekroner Seefort ➧ aF5
Zugang per Boot
Anfang des 18. Jh. zum Schutz des Hafens auf einer künstlich angelegten Insel erbaute Festung mit kleinem Museum und Restaurant. Heute sind die Reste des Seeforts beliebtes Sommerziel zum Picknicken auf den Wällen. Mit dem Wasserbus (www.stromma.dk) gelangt man hierher.

Tycho Brahe Planetarium
Vgl. Kinder S. 74.

Zoologisk Have/
Zoologischer Garten
Vgl. Kinder S. 74. ■

Ehemalige Verteidigungsanlage der Stadt: Trekroner

Erleben & Genießen

Übernachten
Hotels, B & Bs, Hostels und Campingplätze

Kopenhagen zählt zwar nicht zu den günstigsten europäischen Städten, jedoch finden auch Preisbewusste mittlerweile immer mehr Übernachtungsmöglichkeiten, denn in den letzten Jahren haben einige große, geschmackvoll eingerichtete Budgethotels eröffnet, die sogar sehr günstig in der Nähe des Bahnhofs liegen. Überhaupt gibt es vor allem in dieser Gegend die meisten Hotels – wie in vielen Großstädten.

Mit mehr als 15000 Hotelbetten, von gemütlichen Bed & Breakfast-Zimmern bis zur Fünfsterneherberge, sollte für jeden das Passende dabei sein. Etwa für Designliebhaber, die bereit sind, tiefer in die Tasche zu greifen: Kopenhagen bietet außergewöhnliche Boutiquehotels, die mit typisch dänischer Schlichtheit und moderner Individualität begeistern.

Viele Hotels verleihen Fahrräder. In der Sommerzeit ist es ratsam, rechtzeitig Zimmer zu buchen.

Die angegebenen Preiskategorien gelten als Richtwerte für eine Nacht im Doppelzimmer.
€   – bis 600 DKK
€€   – 600 bis 900 DKK
€€€ – 900 bis 1200 DKK
€€€€ – 1200 bis 1600 DKK
€€€€€ – über 1600 DKK

Hotels

Copenhagen Admiral Hotel
➡ D10
Toldbodgade 24–28
℡ 33 74 14 14
www.admiralhotel.dk
Der mächtige Warenspeicher aus dem Jahre 1787 am Hafenkanal wurde zu einem beeindruckenden Hotel umgebaut. Das Haus, unweit von Amalienborg und Nyhavn, besticht durch den Blick auf Hafenbecken, inklusive Oper und Schauspielhaus. Es bietet alle Annehmlichkeiten eines Viersternehotels. €€€€€

Hotel d'Angleterre ➡ D8
Kongens Nytorv 34
℡ 33 12 00 95
www.dangleterre.dk
Die Fünfsterne-Nobelherberge am Kongens Nytorv, in der schon Könige, Film- und Rockstars nächtigten, gehört zu den Leading Hotels of the World. Bars, Restaurants, Fitnessraum und Spa verwöhnen die Gäste. €€€€€

Royal Suite im Hotel d'Angleterre

Hotel Nimb ➡ F6
Bernstorffsgade 5, im Tivoli
℡ 88 70 00 00
http://hotel.nimb.dk
Äußerst exklusiv wohnt man in dem vielfach ausgezeichneten Hotel Nimb, das nur 17 Räume hat, zwölf davon sind Suiten. Der Märchenpalast liegt im Tivoli, aber man schläft hier trotzdem ruhig. Ebenso exklusiv ist die Gastronomie mit Restaurant, Brasserie und Bar'n'Grill. €€€€€

Übernachten

Ein umgebauter Warenspeicher am Hafenkanal: das Copenhagen Admiral Hotel

Radisson Blu Royal Hotel ➡ F6
Hammerichsgade 1
℃ 33 42 60 00
www.radissonblu.com
Arne Jacobsen entwarf das Gebäude und die Inneneinrichtung der 260 Zimmer des exklusiven Fünfsternehotels im funktionalen Design. Das Hotel liegt in der Nähe von Bahnhof und Tivoli. Das Restaurant Alberto-K in der 20. Etage bietet einen schönen Blick über die Stadt. Zimmer 606 wurde seit den 1960er Jahren nicht verändert. Wenn es nicht belegt ist, kann es besichtigt werden. €€€€–€€€€€

Hotel Alexandra ➡ E6
H. C. Andersens Boulevard 8
℃ 33 74 44 44
www.hotelalexandra.dk
Willkommen in den 1950er und 1960er Jahren! Das Retro-Hotel besticht durch wunderschöne individuelle Zimmer, alle eingerichtet mit dänischen Designklassikern. Zentral gelegen, unweit des Rathausplatzes. €€€€

Hotel SP34 ➡ E6
Sankt Peders Straede 34
℃ 33 13 30 00
www.brochner-hotels.dk
Neues Boutiquehotel im Latinerkvarter mit 118 Zimmern, Loungebar, Café, Restaurant. Zur »Wein-Stunde« täglich 17–18 Uhr serviert das Hotel ein Glas Wein kostenlos. €€€€

Axel Guldsmeden ➡ F5
Helgolandsgade 11
℃ 33 31 32 66
www.guldsmedenhotels.com
Das Hotel nennt sich selbst *nouveau bohemian sustainable boutique hotel* (nachhaltiges Neo-Boheme-Boutiquehotel) – und es hält, was es verspricht. Ein Hauch von Luxus im hippen Ausgehviertel. Frühstück kostet extra: DKK 175. Mit Spa. €€€–€€€€

Ibsens Hotel ➡ C6
Vendersgade 23
℃ 33 13 19 13
www.arthurhotels.dk/ibsenshotel
Bei der Planung des 2001 eröffneten Hotels bezog man Künstler und Ladenbesitzer der Nachbarschaft ein. Entstanden ist ein feines Boutiquehotel voller Kunst, in der Nähe des Nørreport-Bahnhofs. €€€–€€€€

Erleben & Genießen

Tivoli Hotel → H6
Arni Magnussons Gade 2
℡ 44 87 00 00
www.tivolihotel.com
Für Familien und Geschäftsleute geeignetes Konferenzhotel mit 402 Zimmern am Hafenbecken, das neben speziellen Familienzimmern Pool, Spielzimmer und Spielplatz bietet. Alle Hotelgäste erhalten einmalig freien Eintritt in den Freizeitpark. Die 20 Themenzimmer sind an den Tivoli-Park angelehnt. €€€–€€€€

Absalon Hotel → G5
Helgolandsgade 15
℡ 33 24 22 11
www.absalon-hotel.dk
Günstig hinter dem Bahnhof am mit Restaurants gesäumten Platz Halmtorvet in Vesterbro gelegenes Dreisternehotel. Großes Frühstücksbüffet. €€€

CPH Living → G8
Langebrogade 1 C
℡ 61 60 85 46
www.cphliving.com
Das Boothotel im modernen Design liegt am Hafenbecken in Christianshavn fest, unweit der Langebro. Die Zimmer auf der Wasserseite des kleinen Boutiquehotels bieten Panoramafenster. Vom Sonnendeck hat man einen schönen Blick auf die Stadt, vor allem auf den Schwarzen Diamanten. €€€

Hotel Danmark → F6
Vester Voldgade 89
℡ 33 11 48 06
www.hotel-danmark.dk
Traditionsreiches Hotel mit 88 Zimmern unweit des Rathausplatzes. Zur »Wein-Stunde« täglich 17–18 Uhr serviert das Hotel ein Glas Wein kostenlos. Mit schönem Patio und Tiefgarage. €€€

Copenhagen Crown Hotel → F5
Vesterbrogade 41
℡ 33 21 21 66
www.copenhagencrown.dk
Dreisternekomfort in 76 gemütlichen Zimmern um einen stillen Hof nahe Rathausplatz und Tivoli. Mit Fahrradverleih. €€–€€€

Savoy Hotel → F5
Vesterbrogade 34
℡ 33 26 75 00
www.savoyhotel.dk
Architektonisches Juwel mit über 100-jähriger Geschichte. Das familiengeführte Hotel hat 66 ruhige Zimmer auf sechs Etagen in Vesterbro. Fahrradverleih.
€€–€€€

Familienzimmer im Tivoli Hotel

Übernachten

City Hotel Nebo ➨ F5
Istedgade 6
✆ 33 21 12 17, www.nebo.dk
Einfaches, familiäres Missionshotel in der Nähe des Hauptbahnhofs. Parkplatz im Hof. Radverleih. €€

Saga Hotel ➨ F5
Colbjørnsensgade 18–20
✆ 33 24 49 44, www.sagahotel.dk
Wenige Minuten zu Fuß vom Hauptbahnhof entfernt im Viertel Vesterbro gelegen. Einzel-, Doppel- und Familienzimmer mit eigenem Bad und ohne. Außerdem: Fahrradverleih und Selbstbedienungswäscherei. €€

Urban House ➨ G5
Colbjørnsensgade 5–11
✆ 33 23 29 29
www.urbanhouse.me
Mischung aus Hotel und Hostel – neu und hip, natürlich in Vesterbro. 950 Betten in 225 Zimmern: schlichte Einzel-, Doppel- bis zu 10-Bettzimmer. Mehrbettzimmer deutlich günstiger. In den Gemeinschaftsräumen – Kino, Bar, Spielzimmer, Küche, Bühne – trifft man sich. €–€€€

CABINN Scandinavia ➨ D4
Vodroffsvej 55
✆ 35 36 11 11, www.cabinn.com
Schlichte, aber modern eingerichtete Zimmer, Fährkabinen ähnelnd, jenseits des Skt. Jørgens Sø. Ableger: Cab Inn City Hotel (Mitchellsgade 14), Cab Inn Metro (Arne Jacobsens Allé 2), Cab Inn Copenhagen Express Hotel (Danasvej 32–34). €–€€

Wakeup Copenhagen ➨ H6
Carsten Niebuhrs Gade 11
✆ 44 80 00 00
www.wakeupcopenhagen.de
Modernes Zweisternehotel im coolen Design mit 510 Zimmern, 700 m vom Hauptbahnhof entfernt, u. a. mit WLAN, Radverleih und Gepäckaufbewahrung. €–€€

GUBI Design im Danhostel Kopenhagen

Bed & Breakfasts

Zentrale Buchungsstelle für B & B in Kopenhagen und Umgebung:

www.visitcopenhagen.com oder www.net-bb.dk

Hostels

Danhostel
Vesterbrogade 39
✆ 33 31 36 12
www.danhostel.dk
Zentrale Buchungsstelle für die 96 Jugendherbergen in Dänemark.

Campingplätze

www.bellahoj-camping.dk
(in Kopenhagen)
www.citycamp.dk
(in Kopenhagen)
www.camping-absalon.dk
(in Rødovre)
www.campingcopenhagen.dk
(in Charlottenlund)
www.hsfc.dk
Hundige Strand Familiecamping
(in Greve)
www.copenhagencamping.dk
(in Dragør). ■

Erleben & Genießen

Essen und Trinken
Street Food, Restaurants, Konditoreien

Jahrzehnte bevor Frankreichs Meisterköche die kulinarische Tellerornamentik der leichten Nouvelle Cuisine erdachten, frönten die Dänen bereits auf ihre Weise einem Speisekult, der nicht nur Gaumen, sondern auch Augen entzückte. **Smørrebrød** und *anretning* heißen die einheimischen Glanzlichter, klein und fein proportioniert wie die seit einiger Zeit international gewordene Neue Nordische Küche. In der Addierung der Häppchen können sie sich jedoch durchaus zu einer deftigen Mahlzeit auswachsen. *Smørrebrød*, zu deutsch gebuttertes Brot, ist eine dänische Erfindung, auch wenn der »schwedische« Koch in der Muppet-Show dieses Wort immer wieder löffelschwingend vor sich hin brabbelte. Also nicht zu verwechseln mit dem *smörgåsbord* der nordöstlichen Nachbarn, das einen mit einer unglaublichen Vielzahl von kalten und warmen Gerichten bestückten Tisch zur Selbstbedienung bezeichnet.

Das *smørrebrød* hat allerdings im Ansturm fremder Gerichte an Terrain verloren. Obwohl – notfalls – auch aus der Hand zu essen, war es nie Fastfood im Sinn unserer Tage. Es lockte frisch belegt in langen Reihen hinter den Schaufenstern spezialisierter kleiner Läden, es wurde, in verschiedenen Kompositionen mit Zwischenpergament und Papierserviette abgepackt, in rollbaren Buden aus Schubfächern verkauft.

Heute verkaufen solche Buden, die vom Verkäufer mittels eines »Außenbordmotors« zum Standplatz gezogen werden, **pølser**, den dänischen Hotdog, Würstchen in einem weichen Brötchen *(rundstykke)* mit Remoulade, Ketchup, Senf, gerösteten Zwiebeln und süßsauren Gurkenscheiben garniert.

Grundlage eines *smørrebrød* ist eine dünne, meist quadratische Roggenbrotscheibe. Belegt wird es von schlicht bis prächtig. Als *ospecificeret,* also namenlos, z. B. mit der sehr roten dänischen Salami *(spegepølse)* oder einem Heringsfilet – immer aber hübsch garniert. Drei, allenfalls vier, sind bereits sättigend.

Die **anretning**, besonders als Øresundplatte an der Küstenstrecke bis Helsingør gerühmt, ist eine Art Mini-Buffet, das auf einem großen Silbertablett mit Aufbau für eine oder mehrere Personen auf den Tisch gestellt wird. Das mittags von vielen Gaststätten zu einem Pauschalpreis, ohne Getränke, angebotene **frokostbord** oder **coldbord** ist ein Vetter des großen schwedischen Selbstbedienungstischs.

Kunstvolle Smørrebrød-Kreationen

Der Name *frokost* klingt für Deutschsprachige verwirrend, gleicht er doch unserem Frühstück, das in Dänemark eher schlicht ist und *morgenmad* heißt.

Abends, zum **aftenmad** oder festlicher *middag*, beherrschen Menüs die Speisekarten, die dann meist wesentlich teurer sind als

Essen und Trinken

Heimischer Lachs als Vorspeise

eine *frokost*. Die Preisspanne zwischen *frokost* und *aftenmad* oder *middag* kann beträchtlich sein.

Zu den mild oder stärker gewürzten Heringshappen wird meist ein kleines oder großes **fadøl** getrunken, Bier vom Fass. Wohlschmeckend, aber leichter als deutsches Normalbier und deshalb auch zur *frokost* gut verträglich. Die Kopenhagener Marken sind Carlsberg und Tuborg, auch die Provinzmarke Faxe ist gut vertreten. Der *snaps* oder *akvavit,* der ein Schlemmermahl krönt, hat 38 bis 45 Prozent Alkoholgehalt. Auch gute **Weine**, vor allem aus Frankreich und Italien, werden in den Restaurants zu teils noch akzeptablen Preisen angeboten. Von allen skandinavischen Ländern hat Dänemark den freizügigsten Umgang mit alkoholischen Getränken.

In den 2000er Jahren hat sich die Restaurant -und Kneipenszene Kopenhagens sehr gewandelt – dank der Neuen Nordischen Küche, eines Konzepts, das 2004 von Claus Meyer und René Redzepi (Küchenchef des »Noma«) zunächst als New Kitchen Manifesto (ähnlich dem der Dogma-Filmer um Lars von Trier) initiiert wurde. Das Prinzip: Rückbesinnung auf regionale und frische Produkte, leicht und kreativ zubereitet. Diese Entwicklung wurde ausgezeichnet: Kopenhagen zählt zu den führenden Gastronomiestädten Europas, denn zwölf Restaurants bekamen 2010 erstmals insgesamt 13 der begehrten **Michelin-Sterne** verliehen. Das »Noma« in Christianshavn schmückte sich seitdem mit zwei Sternen – es wurde mehrfach zum besten Gourmet-Tempel der Welt gekürt; es zog jeodch 2017 nach Mexiko, plant aber eine Neueröffnung in Kopenhagen. Inzwischen gilt das »Geranium« als bestes Restaurant der Stadt – es ist Träger von drei Sternen.

Restaurants für den kleinen Geldbeutel zu finden, kann in der Innenstadt mitunter schwierig werden. Alternativ bieten sich für Zwischendurch **Sandwich- und Imbisslokale** (Croissanten, Frederiksborggade 3, www.croissanten.dk) oder die mobilen **Hotdog-Stände** (auf den meisten Plätzen der Stadt) als Anlaufstelle an. Auch in **Bäckereien** (Lagkagehuset, Kette mit mehreren Filialen: etwa Vesterbrogade 4 A) und **Coffee Shops** (etwa der Kette Baresso Coffee) gibt es exzellente Sandwiches, Snacks und Kaffee auf die Hand. Wer sein Hotel ohne Frühstück bucht oder vom Angebot seiner Unterkunft nicht überzeugt

Erleben & Genießen

Fragen lohnt: In vielen Kopenhagener Bars gibt es neben Drinks auch kleine Gerichte

ist, findet nette Kneipen in der **Kompagnistræde/Læderstræde**, die auch Außenplätze anbieten (Café Zirup, Bliss, Wanna'B, Kreuzberg, Café Stella, Hoppes, Kafe Kys). Günstig frühstückt man gegenüber dem Hauptbahnhof in der **Andersen Bakery** (www.andersenbakery.com).

Tipp: Falls Sie sich beim Bäcker oder bei der Tourist Information wundern, wo das Ende der Schlange ist: Suchen Sie nach einem Nummernautomaten, ziehen Sie eine Nummer und warten Sie, bis diese aufgerufen wird.

Street Food

Einfache Imbissbuden waren gestern, heute revolutionieren sogenannte Food Trucks die Gastroszenen der Großstädte weltweit – natürlich auch in Kopenhagen. Die individuellen Gourmet-Essensmobile bieten internationale Köstlichkeiten – frisch zubereitet, immer aus hochwertigen Zutaten.

Dieser steigenden Nachfrage nach frischen Produkten kommen auch Markthallen nach.

Copenhagen Street Food ➔ E10
Papirøen

Lernen Sie eine dänische Familie bei einem traditionellen Essen kennen. **Dine with the Danes** und **Meet the Danes** arrangieren Abendessen in dänischen Privathaushalten. Dabei ist es kein Problem, wenn Sie weder Dänisch noch Englisch sprechen, es werden auch deutschsprachige Familien vermittelt. Man sollte mindestens zwei Wochen vorher buchen:

Dine with the Danes
Smallegade 20 A
2000 Frederiksberg
℡ 45 26 85 39 61
www.facebook.com/DineWithTheDanes
DKK 450, Preis für Kinder auf Anfrage

Meet the Danes
Ravnsborggade 2
℡ 23 28 43 47
www.meetthedanes.dk
DKK 480/240 (8–14 J.), unter 8 J. frei
Vermitteln auch Privatunterkünfte und Ausflüge.

Essen und Trinken

Die **Preislagen** beziehen sich, wenn nicht näher angegeben, auf eine Buffetmahlzeit bzw. ein Standardmenü ohne Getränke.
Untere Preislage – unter 200 DKK
Mittlere Preislage – 200 bis 300 DKK
Höhere Preislage – über 300 DKK

Trangravsvej 14, Hallen 7 & 8
www.copenhagenstreetfood.dk
Mo–Do 12–21, Fr/Sa 12–22, So 12–12 Uhr
Der erste Street-Food-Markt der Stadt auf der sogenannten Papier-Insel (Papirøen). 33 Food Trucks oder umgebaute Container bieten in einer Halle vor allem internationale Gerichte. Man kann drinnen, aber auch vor der Halle mit Blick auf das Schauspielhaus und die vorbeifahrenden Schiffe speisen. Ein kulinarisches und ästhetisches Highlight. Es finden auch Veranstaltungen statt.
 Ab 2018 soll das alte Fabrikgelände umgestaltet und die Lagerhallen abgerissen werden.

Kødbyens Mad & Marked
➡ G/H5
Flæsketorvet
www.koedbyensmadogmarked.dk, April–Sept. Sa/So 10–18 Uhr
Mehrere Food Trucks und Stände bieten hohe Qualität zu vernünftigen Preisen im ehemaligen Zentrum der Fleischverarbeitung in Vesterbro. Ein Komplex, der nun zu einer der angesagtesten Gegenden im Nachtleben zählt.

Torvehallerne ➡ C6
Frederiksborggade 21
www.torvehallernekbh.dk
Mo–Do 10–19, Fr 10–20, Sa 10–18, So 11–17 Uhr
An 60 Ständen gibt es frisches Gemüse und Obst, einheimischen Fisch, gutes Fleisch und auch exotische Lebensmittel und Speisen: Sushi, Tapas, Sandwiches, Salate, Snacks etc. Ein kulinarisches Hotspot.

WestMarket ➡ G3
Vesterbrogade 97
http://westmarket.dk
Bäcker und Cafés tägl. 8–19, Essensstände tägl. 10–22 Uhr
Kopenhagens neuesten Food Court mit etwa 40 Ständen gibt es seit 2017 in einer attraktiven Markthalle in Vesterbro – ein beliebter Treffpunkt im Viertel mit großer Vielfalt und Qualität.

Restaurants

Untere Preislage:

Café Norden ➡ E8
Østergade 61
☏ 33 11 77 91
www.cafenorden.dk
Tägl. 8.30–24 Uhr
Wer nach der Shoppingtour eine Stärkung braucht, ist hier im Herzen der Stadt am Amagertorv richtig. Das Café bietet Brunch, Sandwiches, Smørrebrod, Salate und warme Speisen sowie einen tollen Blick auf die Strøget und die nahen Plätze.

Café Sorgenfri ➡ E7
Brolæggerstræde 8
☏ 33 11 58 80
www.cafesorgenfri.dk
Mo–Sa 11–23, So 12–18 Uhr
Sehr beliebtes Kellerrestaurant, das traditionelle dänische Speisen serviert.

Det Lille Apotek ➡ D7
Store Kannikestræde 15
☏ 33 12 56 06
www.detlilleapotek.dk
Tägl. 11.30–24 Uhr
Authentische dänische Küche seit 1720. Schon H.C. Andersen kam

Erleben & Genießen

Den Gråbrødre Torv bestimmen Cafés und Restaurants

gern hierher. Mittagsmenü um DKK 125. Abendmenü ab DKK 225.

Grams Laekkerier ➜ G5
Halmtorvet 1
☏ 53 54 60 28
www.gramshalmtorvet.dk
Mo–Do 11–15.30, Fr 11–15 Uhr
Kleines, gemütliches Sandwich-Café, das auch leckere Suppen im Angebot hat. Auch für Vegetarier geeignet.

Riz Raz ➜ F7
Kompagnistræde 20
☏ 33 32 33 45
www.rizraz.dk
Tägl. 11.30–24 Uhr
Die Spezialitäten von Riz Raz sind die Mittags- und Abendbuffets sowie die Steaks von glücklichen Kühen. Die Speisen sind frisch und leicht. Auch Brunch (DKK 95).

Zirup ➜ E8
Læderstræde 32
☏ 33 13 50 60
www.zirup.dk
So–Do 10–23, Fr/Sa 10–24 Uhr
Café und Restaurant, perfekter Ort zum Sehen und Gesehen werden. Günstiges Frühstück, gute Suppen, Sandwiches, Burger, Salate und Brunch am Sonntag.

Mittlere Preislage:

Bio Mio ➜ G5
Halmtorvet 19
☏ 33 31 20 00
www.biomio.dk
Mo–Do 12–16 und 17–22, Fr, So 12–16 und 17–22, Sa 11–24 Uhr
Bio-Restaurant im Schlachterviertel von Vesterbro, in dem die kreativen Speisen vor den Augen der Gäste zubereitet werden. Einladender Gastraum in einem alten Bosch-Lagerhaus.

Café Petersborg ➜ C10
Bredgade 76
☏ 33 12 50 16
www.cafe-petersborg.dk
Mo–Fr 11.45–16 und 17–21, Sa 11.45–16 Uhr
Alteingesessenes Restaurant mit vorwiegend dänischer Küche. Der russische Name entstand, als das russische Konsulat hier seinen Sitz hatte.

Dag H ➜ nördl. A8
Dag Hammarskjölds Allé 38
☏ 35 27 83 00
www.dagh.dk
Mo–Fr 8–23, Sa 10–23, So 10–22, Brunch tägl. 10–14 Uhr
In Østerbro eine Institution, wenn es ums Frühstücken geht. Am Abend vertraut man dem 3-Gänge-Menü des Kochs.

Færgekroen Bryghus ➜ F6
Tivoli, Vesterbrogade 3
☏ 33 75 06 80
www.faergekroen.com
In der Saison tägl. 10–22 Uhr
Eine fast ländliche Idylle am kleinen See des Vergnügungsparks, abends Pianomusik (außer Mo).

Gorilla ➜ G/H5
Flæsketorvet 57–67
☏ 33 33 83 30
www.restaurantgorilla.dk
Mo–Do 17.30–24, Fr/Sa bis 2 Uhr
Großes, dennoch gemütliches, deshalb beliebtes und immer

Essen und Trinken

volles Restaurant im hippen Kødbyen (Schlachterviertel). Das Konzept gleicht dem einer Tapas-Bar: Zehn kleine »Gänge« kosten DKK 375.

Kanal-Caféen ➜ F8
Frederiksholms Kanal 18
✆ 33 11 57 70
www.kanalcafeen.dk
Mo–Fr 11.30–17, Sa 11.30–15 Uhr
Kellerlokal, in dem noch bis in die 1960er Jahre Frauen nur in männlicher Begleitung geduldet wurden; Minister und Abgeordnete des nahen Folketing kungeln hier gerne politische Kompromisse aus. Maritimes Ambiente. *Smørrebrød-sedel* mit 39 verschiedenen Kreationen.

Madklubben ➜ C9
Store Kongensgade 66
✆ 33 32 32 34
www.madklubben.dk
Tägl. außer So 17.30–24 Uhr
Madklubben nennt sich selbst *bistro de luxe*, und das ist es auch. Die Atmosphäre und das Essen sind erstklassig. Der Service nimmt sich (freundlich) zurück, so dass man hier günstig zu Staffelpreisen speist: Ein Gang kostet DKK 100, jeder weitere DKK 50. Ein Abendessen kann durch Extras aber schnell ins Geld gehen. Inzwischen gibt es mehrere Filialen, u. a. im Tivoli.

Paafuglen ➜ F6
Tivoli, Vesterbrogade 3
✆ 33 12 95 40
www.paafuglen.dk

In der Saison tägl. 11–24 Uhr
Helle Glasveranda und Terrasse im Schatten der Bäume. Gutes *frokostbord*.

Skipperkroen/Pub Fiske ➜ D9
Nyhavn 27
✆ 33 11 99 06
www.skipperkroen-nyhavn.dk
Tägl. 11.30–17 und 17.30–22.30, Fr/Sa bis 23.15 Uhr
Draußen grüne Schirme am Kai, im Hochparterre mit Hafenblick Bänke und Thonet-Stühle. Im Pub von 9–11 Uhr Frühstücksbuffet.

Slotskælderen hos Gitte Kik
➜ E8
Fortunstræde 4
✆ 33 11 15 37
www.slotskaelderen.dk
Di–Sa 10–17 Uhr
Berühmtes *Frokost*-Restaurant mit schöner Auswahl an *smørrebrød*, seit 1797.

Sult ➜ D8
Vognmagergade 8 B
✆ 33 74 34 17, www.sult.dk
Di–So 12–22, Sa/So 9.30–16 Uhr
Brunch, im Sommer für einen Monat geschl.
Das Restaurant befindet sich im Dänischen Filminstitut. Tagsüber ist es auch Café. Modernes Interieur, große Glasfenster, italienisch-französisch geprägte Küche.

Umami ➜ C9
Store Kongensgade 59
✆ 33 38 75 00
www.restaurantumami.dk

Bei schönem Wetter verwandeln sich einige Straßenzüge in Freiluftrestaurants. Tolle Atmosphäre mit Blick auf Hafen oder Kanal gibt's am **Nyhavn** oder am **Gammel Strand**.

Sonnenseite am Nyhavn

Erleben & Genießen

Krogs Fischrestaurant am einstigen Fischmarkt

Mo–Do 18–22, Fr/Sa 18–23 Uhr
Japanische Küche mit französischem Einfluss. Stilvoll, aber sachlich, gilt für die Speisen und die Einrichtung. Lounge im EG.

Hohe Preislage:

AOC ➜ D9
Dronningens Tværgade 2
℡ 33 11 11 45
www.restaurantaoc.dk
Di–Sa 18.30–0.30 Uhr
Nordische Gourmetküche von Søren Selin, in der Nähe von Schloss Amelienborg. Das einzige Restaurant mit zwei Michelin-Sternen, seitdem das Noma nach Mexiko zog. Zwei Spitzen-Menüs zur Auswahl zu DKK 1400 oder DKK 1700.

els ➜ D9
Store Strandstræde 3/Ecke Nyhavn
℡ 33 14 13 41
www.restaurant-els.dk
Tägl. 11–23 Uhr
Das frühere Kaffeehaus hat seinen Charme erhalten. H. C. Andersen soll Stammgast gewesen sein. Günstiges Menü für Theaterbesucher. Gegenüber dem Kongelige Teater.

Geranium ➜ nördl. A8
Per Henrik Lings Allé 4, 8. Etage
℡ 69 96 00 20
www.geranium.dk, Mi–Sa 18–24, Do–Sa auch 12–15.30 Uhr
Chefkoch Rasmus Kofoed, zweimaliger Bocuse d'Or erkochte sich inzwischen drei Michelin-Sterne. Das beste Restaurant der Stadt. Eine Reservierung sollte mindestens 90 Tage im Voraus erfolgen.

Ida Davidsen ➜ C9
Store Kongensgade 70

Gastronomiekomplex im Tivoli: Nimb

Essen und Trinken

✆ 33 91 36 55
www.idadavidsen.dk
Mo–Fr 10.30–17 Uhr
Die Hochburg des *smørrebrød*-Kults, den Großvater Oscar einst kreierte; einer seiner *sedel* zum Ankreuzen von 177 Variationen ist noch Leitbild der großartigen Auswahl von heute (*smørrebrød* zum Mitnehmen ab 50 DKK).

Kanalen → E/F10
Wilders Plads 2
✆ 32 95 13 30
www.restaurant-kanalen.dk
Mo–Sa 11.30–24 Uhr
Auch hier lässt man sich vom französischen Vorbild inspirieren. Sommerlicher Gartenservice am Christianshavns Kanal. Mit Wein- und Feinkostshop.

Krogs Fiskerestaurant → E8
Gammel Strand 38
✆ 33 15 89 15
www.krogs.dk
Mo–Sa 12–16.30 und 17.30–24 Uhr
Traditionslokal von 1910 im Hochparterre über dem einstigen Fischmarkt mit Blick auf Schloss Christiansborg und Thorvaldsen-Museum.

Nimb → F6
Bernstorffsgade 5
✆ 88 70 00 00, www.nimb.dk
In der Tivoli-Saison tägl. 11.30–22 Uhr
Ein Gastronomiekomplex im Tivoli, glamourös-maurisch (von 1863) mit viel Glas und Glühlampen. Brasserie, Bar'n'Grill, Restaurant – alles vom Feinsten.

Relæ → B3
Jægerborggade 41
✆ 36 96 66 09
www.restaurant-relae.dk, Mi–Sa 17.30–24, Sa auch 12–15 Uhr
Christian Puglisi, der bis 2009 im »Noma« arbeitete, kocht überaus originell. Das unprätentiöse Restaurant in Nørrebro schmückt sich mit einem Michelin-Stern. Buchung mindestens 60 Tage im Voraus.

Wallmans Dinnershow → E/F6
Jernbanegade 8, im Cirkusbygningen
✆ 33 16 37 00, www.wallmans.com
Ab DKK 399, bis 12 J. halber Preis
Das traditionelle Zirkusgebäude in der Nähe des Tivoli erwartet die Gäste zu einer vierstündigen Dinner-Show (Akrobatik, Theater, Musik). Nach dem 4-Gänge-Menü öffnet der Nachtclub.

Konditoreien

Gjæstgiveriet – Musik Conditoriet → G2
Vesterbrogade 148 E
✆ 33 31 19 35, www.facebook.com/musikconditoriet
Konditorei und Bäckerei mit gemütlichem Café. Sa/So 14–16 treten talentierte Musiker auf.

La Glace → E7
Skoubogade 3
✆ 33 14 46 46, www.laglace.dk
An einer Seitengasse von Strøget liegt das Traditionscafé. Spezialität: aufwendiger *sportkage* und Dosenkekse zum Mitnehmen.

Royal Copenhagen → E8
Amagertorv 6 (im Hof)
✆ 33 13 71 81
www.royalcopenhagen.com
Kaffee und Kuchen, serviert auf edlem Königlich Kopenhagener Porzellan. ■

> Einen **gastronomischen Stadtrundgang** bietet CPH:Cool (www.cphcool.dk). Während der zwei Stunden langen kulinarischen Entdeckungsreise erfährt man etwas über traditionelles und modernes dänisches Essen, aber auch etwas über die unterschiedlichen internationalen Küchen der Stadt. Preise auf Nachfrage.

Erleben & Genießen

Nightlife
Kneipen, Bars, Mikrobrauereien, Discos, Clubs, Konzerte, Jazz

Ende April bis Anfang September verlocken die hellen Nächte zum Abendbummel am **Hafenkai Langelinie** oder gar zu einem späten Essen draußen vor einem Lokal. Am **Nyhavn** sind viele Restaurants und Bars rund um die Uhr geöffnet. Hauptattraktion ist in dieser Jahreszeit der **Tivoli** mit seinen vielen guten Restaurants und Open-Air-Veranstaltungen. Die renommierten Hotels haben Bars mit Niveau und internationalem Flair. Beliebte Ausgehreviere bei jungen Leuten sind die **Brückenviertel** (Vesterbro, Nørrebro, Østerbro).

Das »sündige« Kopenhagen galt in den 1960er und 1970er Jahren als die freizügigste Szene Europas. Was an Land nicht genehmigt wurde, wie z. B. Swinger-Partys, fand auf Schiffen im internationalen Gewässer des Øresund statt. Heute hat sich das erotische Nachtleben dem europäischen Niveau angeglichen. Die Kneipen- und Discoszene ist wie in allen Großstädten in ständigem Wandel, deshalb sollte man sich in den kostenlosen **Programmheften** informieren, die in Hotels und auch beim Tourismusamt ausliegen.

Kneipen und Bars

1105 ➜ D8
Kirsten Bernikows Gade 4
℃ 33 93 11 05
www.1105.dk
Mi/Do, Sa 20–2, Fr 16–2 Uhr
Die klassische Cocktailbar, die den Siegercocktail, den Copenhagen, ablieferte (vgl. Kasten) und auch ausschenkt. Gemütlich, stylish.

Andy's Bar ➜ D8
Gothersgade 33B
℃ 33 12 46 85, So/Mo 22–6, Di–Do, Sa ab 20, Fr ab 15 Uhr
In Deutschland stationierte GIs gaben diesem Rastplatz für Nachteulen den Namen. Eine altmodische Jukebox und Wandgemälde beschwören jene Zeit herauf.

Bang & Jensen ➜ H4
Istedgade 130
℃ 33 25 53 18
blog.bangogjensen.dk
Mo–Fr 7.30–2, Sa 10–2, So 10–24 Uhr
Gemütliche Kneipe in Vesterbro in einer ehemaligen Apotheke. Es gibt auch Frühstück, am Wochenende Brunch. Erschwinglich, sehr beliebt bei jungen Leuten.

New York hat seinen Manhattan, Singapur den Singapore Sling – nun hat auch Kopenhagen einen eigenen Cocktail: den **Copenhagen**. Eine Jury wählte 2009 den **Cocktail**, der am besten zur dänischen Hauptstadt passt. Unter fünf Wettbewerbsteilnehmern konnte Barkeeper Gromit Eduardsen aus der Bar 1105 mit seiner Rezeptur überzeugen (www.copenhagencocktail.com). Ein Copenhagen wird gemischt mit:

5 cl Bols Genever
2 cl Cherry Heering Liqueur
2 cl frisch gepresstem Limettensaft
2 cl Zuckersirup (Monin)
1 Schuss Angosturabitter

Nightlife

Im ehemaligen Schlachterviertel Kødbyen haben sich zahlreiche Bars und Restaurants – wie die Fiskebar – angesiedelt

Curfew ➡ F5
Stenosgade 1
☏ 29299276
www.curfew.dk, Di/Mi 18–1, Do 18–2, Fr 17–3, Sa 18–3 Uhr
Für viele die beste Coktailbar der Stadt. Platz für etwa 100 Gäste, Tapas runden das Angebot ab.

Bar7 ➡ E7
Studiestræde 7
☏ 27777787, www.barsyv.com
Di 16–1, Mi/Do 16–2, Fr 16–4, Sa 16–4, So 19–1 Uhr
Angesagte Bar auf zwei Etagen, in der man sich fühlt, als würde man von einem stylishen Wohnzimmer ins nächste gehen. Entsprechend schick hat man sein Publikum gern. Musik und Cocktails, am Wochenende auch Eintritt.

Hviids Vinstue ➡ D9
Kongens Nytorv 19
☏ 33 15 10 64
www.hviidsvinstue.dk, Mo–Do 10–1, Fr/Sa 10–2, So 10–20 Uhr
Souterrain-Lokal seit 1723 mit Patina in einer Flucht von kleinen Räumen. Hier sollte man den Abend mit einem Sherry angehen. Trotz des Namens (Weinstube) ist die Bierauswahl größer als die der Weine. Am 11. November startet hier die Weihnachtssaison mit Glühwein.

Oak Room ➡ B5
Birkegade 10
☏ 38 60 38 60
www.oakroom.dk, Di/Mi 18–1, Do 18–2, Fr/Sa 18–4 Uhr
Beliebte, experimentierfreudige Cocktailbar, die klassische Drinks gern neu mischt.

Ruby ➡ E7
Nybrogade 10
☏ 33 93 12 03
www.rby.dk
Mo–Sa 16–2, So 19–2 Uhr
Beliebt wegen der Atmosphäre – durchgestylte Gentleman-Wohnung – und den tollen Cocktails.

Mikrobrauereien

BrewPub København ➡ E6
Vestergade 29–31
☏ 33 32 00 60, www.brewpub.dk
Pub: Mo–Do 12–24, Fr/Sa 12–2, Restaurant: Mo–Do 12–23, Fr/Sa 12–22 Uhr
Unweit des Rathauses befindet sich der gemütliche Pub mit Restaurant und eigener Brauerei, der über einen Hof erreicht wird. Das Bier wird auch zum Kochen eingesetzt. Im Sommer schöne Terrasse.

Mikkeller Bar ➡ G5
Viktoriagade 8 B–C

Erleben & Genießen

✆ 33 31 04 15
www.mikkeller.dk
So–Mi 13–1, Do/Fr 13–2, Sa 12–2 Uhr
Die 2006 gegründete, experimentelle Mikrobauerei bringt pro Jahr zahlreiche neue Biere auf den Markt, die weltweit verkauft werden. Besitzer Mikkel Borg Bjergsø hat keine eigene Brauerei, sondern lässt brauen.

Nørrebro Bryghus → B6
Ryesgade 3
✆ 35 30 05 30
www.noerrebrobryghus.dk
Mo–Sa 12–16, Mo–Do auch 17.30–22, So 12–21 Uhr
Die Mikrobrauerei in einer umgebauten Fabrik wurde 2003 eröffnet und ist mittlerweile eine feste Institution, die für ihre Biere bereits internationale Preise erhielt. Es gibt jeweils eine Speisekarte für mittags und abends, u.a. ein Biermenü. Ein paar Biersorten stehen zum Verkauf, auch in hübschen Geschenkboxen.

Discos, Clubs, Konzerte

Amager Bio → südl. H10
Øresundsvej 6
✆ 32 86 08 00
www.amagerbio.dk
Das ehemalige Kino bietet Theater, Oper, Tanz und Livemusik. Etwa 200 Konzerte pro Jahr. Internationale und nationale Acts.

Bakken → G/H5
Flæsketorvet 19–21
www.bakkenkbh.dk
Mi 21–3, Do–Sa 17–5 Uhr
Im ehemaligen Schlachterviertel legen ab 23 Uhr DJs auf. Vorher kann man den Hunger mit einem Burger stillen. Am Donnerstag soll am meisten los sein.

Culture Box → C8
Kronprinsessegade 54
✆ 33 32 50 50
www.culture-box.com
Fr/Sa ab 21 Uhr
Dänemarks wichtigster Club für elektronische Musik.

Drop Inn → E7
Kompagnistræde 34
✆ 33 11 24 04
www.drop-inn.dk, Mo–Do 12–2, Fr/Sa 12–5, So 14–2 Uhr
Die Musikkneipe existiert bereits seit 1934 und ist noch immer ein beliebter Veranstaltungsort für Rock-, Soul- und Blues-Konzerte.

Isola Rock Music Club → D6
Linnésgade 16A
✆ 27 28 14 28, www.isolabar.dk
Do–Sa 21–5 Uhr
Unprätentiöser Club mit guter Rockmusik. Mindestalter: 22 Jahre. Hier trinkt man eher Bier als raffinierte Cocktails.

Natklub Vega → G3
Enghavevej 40
✆ 33 25 70 11, www.vega.dk
Angesagter Komplex: Store Vega (Konzerthalle für 1550 Personen), Lille Vega (Club) und Vega Lounge (entspannte Atmosphäre mit Bedienung). Am Wochenende packevoll. Getanzt wird zu Dancehall, Funk, Electro.

Pumpehuset → E6
Studiestræde 52
✆ 33 93 19 60
www.pumpehuset.dk
Das alte Pumpenhaus ist Veranstaltungsort für Rockkonzerte.

Rust → B5
Guldbergsgade 8
✆ 35 24 52 00
www.rust.dk
Mi–Sa 21–5 Uhr
Großer Club über drei Etagen. Bis 23 Uhr keine Altersgrenze: Mi/Do ab 23 Uhr 18 Jahre, Fr/Sa ab 23 Uhr 20 Jahre.

Søpavillonen → D5
Gyldenløvesgade 24

Nightlife

✆ 33 15 12 24
www.soepavillonen.dk
Fr/Sa 23–5 Uhr
Das schöne Gebäude aus dem Jahre 1896 befindet sich direkt am Peblinge See und bietet 700 Personen Platz. Nach der Livemusik legen DJs auf (Stücke aus den 1990er Jahren bis heute, gewürzt mit 1980er-Jahre-Hits).

Wallmans
Vgl. S. 63.

Jazz

Charlie Scott's ➡ E7
Skindergade 43
✆ 33 12 12 20
www.charliescotts.dk
Tägl. 14–24 Uhr
In der kleinen Bar wird regelmäßig Live-Jazz gespielt.

Copenhagen JazzHouse ➡ E7
Niels Hemmingsens Gade 10
✆ 33 15 47 00
www.jazzhouse.dk
Konzerte: So–Do 20, Fr/Sa 21 Uhr, Nachtclub: Fr/Sa ab 24 Uhr
Dänischer und internationaler zeitgenössischer Jazz, seit 2012 in modernisierten Sälen.

Det Hvide Lam ➡ D7
Kultorvet 5
✆ 33 32 07 38
Tägl. ab 10 Uhr
Kleiner Jazzclub im Zentrum.

Jazzhus Montmartre ➡ D8
Store Regnegade 19A
✆ 31 72 34 94 (Restaurant)
✆ 70 26 32 67 (Tickets)
www.jazzhusmontmartre.dk
Meist Do–Sa ab 20, Restaurant an Konzerttagen ab 17.30 Uhr
Von Jazzmusiker Niels Lan Doky wiedereröffnetes Jazzlokal, in dem von 1959–95 viele Stars der Szene spielten.

La Fontaine ➡ E7
Kompagniestræde 11
✆ 33 11 60 98
www.lafontaine.dk
Tägl. 20–5 Uhr, Livemusik Fr–So
In dem legendären, ältesten Jazzclub Kopenhagens finden regelmäßig Nightsessions statt.

Mojo Blues-Bar ➡ F7
Løngangstræde 21c
✆ 33 11 64 53
www.mojo.dk
Tägl. 20–5 Uhr
Lokale Gruppen und vor allem viele amerikanische Blues-Bands.

Paradise Jazz ➡ E7
Rådhusstræde 13
www.paradisejazz.dk
Di–Do ab 20.30 Uhr
Breites Spektrum dänischer und internationaler Acts. ■

Abends am Nyhavn

Erleben & Genießen

Kultur und Unterhaltung
Theater, Oper, Ballett, Konzerte, Kinos

Das Königliche Theater am Kongens Nytorv, kurz **Det Kongelige** genannt, zieht mit Ballett ein internationales Publikum an. Das dänische Ballett genießt einen guten Ruf, Gastspiele aus aller Welt runden das Programm ab. Das markante **Opernhaus** und das **Schauspielhaus**, beide am Hafenbecken gelegen, werden von dem renommierten Königlichen Theater bespielt.

Orte anspruchsvoller Musik sind auch die **Konzerthalle des Tivoli**, das neu gebaute **DR Konzerthaus** und die **Konzerthalle der Königlichen Dänischen Hochschule für Musik**. Kammermusiker, kleine Chöre und Solisten nutzen die Intimität des **Rundetårn** und der **Ny Carlsberg Glyptotek**. Die **Jazz-Szene** produziert sich in zahlreichen Jazzclubs und -kneipen, Rock- und Popgruppen in den Discos und Clubs (vgl. Nightlife).

Tickets

BilletNet
✆ 70 15 65 65, www.billetnet.dk
Vorverkauf für ganz Dänemark.

Theater, Oper, Ballett, Konzerte

**Det Kongelige Danske Musikkonservatorium/
Königlich Dänische Hochschule für Musik** ➜ D4
Rosenørns Allé 22
✆ 72 26 72 26, www.dkdm.dk
Im Konzerthaus der Hochschule finden jährlich etwa 200 klassische Konzerte statt.

Det Kongelige Teater ➜ E9
Vgl. S. 48 f.

Das Königliche Theater

**DR Koncerthuset/
DR Konzerthaus** ➜ südl. H10
Ørestads Boulevard 13
Metro 1: DR Byen
✆ 35206262
www.dr.dk/koncerthuset
Das von Jean Nouvel entworfene, moderne Konzerthaus eröffnete 2009 im Stadtteil Ørestad-Nord. Erstklassige Akustik, Studio 1 fasst 1800 Zuschauer (vgl. S. 40).

**Det Ny Teater/
Das Neue Theater** ➜ F4
Gammel Kongevej 29
✆ 33 25 50 75
www.detnyteater.dk
Das Neue Theater bietet 1000 Zuschauern Platz. Das 1908 gebaute Haus ist eines der meistbesuchten des Landes, denn es ist die Musicalbühne der Stadt.

Operaen/Opernhaus ➜ D11
Vgl. S. 49.

Skuelspilhuset/Schauspielhaus ➜ D10
Vgl. S. 50.

Tivoli Konzerthalle ➜ F6
Im Tivoli, Vesterbrogade 3
✆ 33 15 10 12
www.tivoli.dk
1965 eingeweihte und 2005 sanierte Konzerthalle, in der regelmäßig Showgrößen von Klassik bis

Kultur und Unterhaltung

Das DR Koncerthuset besitzt eine erstklassige Akustik

Rock auftreten. Im Untergeschoss befindet sich Europas längstes Salzwasseraquarium mit 1500 tropischen Fischen und Haien.

Kinos

Ausländische Spielfilme werden in Dänemark nicht synchronisiert, sondern in der Originalsprache mit dänischen Untertiteln gezeigt (Infos unter: www.kino.dk).

Dat Danske Filminstitut/ Dänisches Filminstitut ➔ D8
Gothersgade 55
☏ 33 74 34 00, www.dfi.dk
Ein Mekka für Freunde der Leinwandkunst. Es umfasst zwei Vorführsäle, Filmarchiv, Bibliothek, Video-Shop und Buchladen. Das Institut unterstützt und archiviert nationale Filmproduktionen.

Junge, international geachtete Regisseure wie Thomas Vinterberg, dessen »Fest« 1998 in Cannes ausgezeichnet wurde, Lars von Trier mit seinem Experiment »Idioten« (die ersten beiden Dogma-Filme) und Søren Kragh-Jacobsen, dem für »Mifune« 1999 der Silberne Bär bei den Berliner Filmfestspielen verliehen wurde, führen sehr erfolgreich das Erbe ihres Landsmanns Carl Theodor Dreyer (1889–1968) fort, dessen »La Passion de Jeanne d'Arc« 1927 Filmgeschichte schrieb.

Gloria ➔ F7
Rådhuspladsen 59
☏ 33 12 42 92, www.gloria.dk

Grand Teatret ➔ E7
Mikkel Bryggers Gade 8
☏ 33 15 16 11
www.grandteatret.dk
Das zentral gelegene Kino hat sich auf europäisches Arthouse-Kino spezialisiert. Sechs Säle.

Imperial Biograf ➔ F5
Ved Vesterport 4
☏ 70 13 12 11
www.imperialbio.dk

Palads Teatret ➔ F6
Axeltorv 9, ☏ 70 13 12 11
www.paladsbio.dk

Kinos in Vesterbro, Nørrebro und Østerbro:

Cinemaxx Fisketorvet ➔ H7
Kalvebod Brygge 57
☏ 70 10 12 02
www.cinemaxx.dk
Größtes Kino Dänemarks.

Empire Bio ➔ A4
Guldbergsgade 29 F
☏ 35 36 00 36
www.empirebio.dk

Park Bio ➔ nördl. A8
Osterbrogade 79
☏ 35 38 33 62
www.park-bio.dk

Erleben & Genießen

Shopping
Kaufhäuser, Dänisches Design, Kunstgalerien, Antiquitäten, Flohmärkte

Die Hauptbummelmeilen Kopenhagens sind **Strøget** ➜ F6–D8 und deren Seitenstraßen sowie die **Købmagergade** ➜ D7–E8. Die Strøget, welche Straßen wie Frederiksbogade, Nygade und Østergade und Plätze wie Gammeltorv und Amagertorv umfasst, zieht sich vom Rathausplatz bis zum Kongens Nytorv. Hier finden sich internationale Modeketten, dänische und internationale Edelprodukte, aber auch Ramsch- und Souvenirläden.

Links vor dem Amagertorv liegen auf der Strøget Seite an Seite drei Häuser von Weltruhm. Zunächst hinter der weißen Fassade **Illums Bolighus**, ein lichtes Eldorado der zeitlos-modernen Wohnkultur mit Erzeugnissen dänischer und internationaler Designer. Gleich daneben hat die exklusive Porzellanmarke **Royal Copenhagen** ihre Schau- und Verkaufsräume mit dem begehrten Flora-Danica-Service. Im Hinterhof befindet sich das gleichnamige Café, das Kaffee und Kuchen natürlich in und auf königlichem Porzellan serviert. Das **Georg Jensen Museum** zeigt exquisite Einzelstücke des Silberschmieds und verkauft Silberschmuck, -besteck und -accessoires.

An den Platz grenzt das bekannte **Kaufhaus Illum**. Ein weiteres Warenhaus liegt in der Nähe: **Magasin du Nord** mit einer modernen Fassade an der Bremerholm und der Front des ehemaligen, 1893 zum Kaufhaus umgebauten Hotel du Nord. Ein Besuch lohnen auch die **Houses of Amber**, die Bernstein in allen gold-gelb-braunen Nuancen, Größen und Verarbeitungen verkaufen (Kongens Nytorv und Nygade 6).

In der **Kompagnistræede/Læderstræde**, parallel zur Strøget, finden sich kleine Antiquitäten-, Secondhand- und Designläden sowie nette Kneipen und Cafés mit Außenbestuhlung. Junge Leute zieht es zum Shoppen auch in die **Brückenviertel** (etwa auf die Istedgade, Elmegade oder Ravnsborggade, vgl. S. 38 f.). Und die vielen gut sortierten **Museumsshops** sind Liebhabern des dänischen Designs zu empfehlen.

Die meisten Geschäfte sind Mo–Do 10–18, Fr 10–19, Sa 10–16 Uhr geöffnet. Das dänische Ladenschlussgesetz lässt Abweichungen und Sonntagsöffnungen zu. In der Saison sind Verkaufszeiten bis 20 Uhr möglich. Der Supermarkt im Hauptbahnhof ist auch am Sonntag geöffnet, genauso wie einzelne Läden auf der Strøget.

Porzellanschale aus der Königlichen Porzellanmanufaktur

Kaufhäuser, Einkaufszentren

Field's ➜ aG5
Arne Jacobsens Allé 12
Metro 1: Ørestad
www.fields.dk
Tägl. 10–18 Uhr
Einkaufszentrum mit über 150 Läden und rund 20 Restaurants.

Fisketorvet ➜ südl. H6
Kalvebod Brygge 59
S-Bahn: Dybbølsbro Fisketorvet

Shopping

www.fisketorvet.dk
Mo–Fr 10–20, Sa/So 10–18 Uhr
Ein top-modernes Einkaufszentrum am Hafen nahe Langebro. Boutiquen mit internationaler Mode, Design, Restaurants und Cinemaxx-Kino.

Illum ➡ E8
Østergade 52, www.illum.dk
Mo–Sa 10–20, So 11–18 Uhr
Dänisches Traditionskaufhaus an der Strøget.

Magasin du Nord ➡ D9
Kongens Nytorv 13
www.magasin.dk
Tägl. 10–20 Uhr
Größtes und ältestes Kaufhaus von Kopenhagen.

Dänisches Design

Vgl. auch Kasten auf Seite 30.

Casa Shop ➡ D8
Store Regnegade 2
www.casashop.dk, Mo–Do 10–17.30, Fr 10–18, Sa 10–16 Uhr
Dänische und internationale Möbel und Accessoires.

Designer Zoo ➡ G2
Vesterbrogade 137
www.dzoo.dk
Mo–Do 10–17.30, Sa 10–16 Uhr
Großer Designshop und Galerie mit wechselnden Ausstellungen. Man kann bei der Herstellung einiger Produkte zusehen. Der Anbieter beschäftigt sieben eigene Designer.

HAY House ➡ E8
Østergade 61
www.hay.dk
Mo–Fr 10–18, Sa 10–17 Uhr
Möbel und Accessoires: Verkaufsräume des jungen Design-Labels.

Georg Jensen ➡ E8
Amagertorv 4
www.georgjensen.com, Mo–Fr

Das Designkaufhaus Illums Bolighus am Amagertorv

10–19, Sa 10–18, So 11–16 Uhr
Berühmt durch formschönes Silberbesteck und -schmuck.

❉ Illums Bolighus ➡ E8
Amagertorv 10
www.illumsbolighus.com, Mo–Fr 10–19, Sa 10–18, So 11–18 Uhr
Designkaufhaus: Wohnkultur von Weltruf auf mehreren Etagen.

Normann Copenhagen
➡ nördl. A8
Østerbrogade 70
www.normann-copenhagen.com
Mo–Fr 10–18, Sa 10–16 Uhr
Die Lampe Norm 69 ist das bekannteste Produkt des renommierten Unternehmens, das 1999 gegründet wurde. In einem alten Kino werden auf 1700 m² Fläche die gesamte Kollektion und Designprodukte anderer Marken präsentiert.

Paustian ➡ nördl. A10
Kalkbrænderiløbskaj 2, Nordhavn
S-Bahn: Nordhavn St.
www.paustian.dk
Mo–Fr 10–18, Sa 10–15, 1. So im Monat 10–15 Uhr
Dänische und internationale Möbel, Lampen und Accessoires

Erleben & Genießen

Farbenfrohe Glaskreationen

in einem von Jørn Utzon entworfenen Gebäude. Das gleichnamige Restaurant ist ebenfalls einen Besuch wert.

Royal Copenhagen ➡ E8
Amagertorv 6
www.royalcopenhagen.com
Mo–Fr 10–19, Sa 10–18, So 10–17 Uhr
Berühmtes königliches Porzellan. Café im Haus. Die Manufaktur befindet sich in Glostrup.

Stilleben ➡ E7/8
Niels Hemmingsensgade 3
www.stilleben.dk
Mo–Fr 10–18, Sa 10–17 Uhr
Kleiner Laden mit einer feinen Auswahl an Möbeln, Textilien, Accessoires von vor allem dänischen Designern.

Kunstgalerien

Asger Jorn 1948 gründete u. a. zusammen mit dem Niederlän-

Schnäppchenjagd auf einem Flohmarkt

der Karel Appel und dem Belgier Pierre Alechinsky die Gruppe CoBrA (Copenhagen–Brüssel–Amsterdam). Zu den Etablierten der Gegenwart gehören und gehörten so unterschiedliche Vertreter wie Per Kirkeby, Robert Jacobsen, Carl-Henning Pedersen, Jens Sondergaard, Richard Mortensen, Peder Bonde, Lise Malinovsky und Peter Land.

In der **Bredgade** und in der **Rørholmsgade** haben sich in den letzten Jahren einige Galerien angesiedelt.

Antiquitäten

Die Geschäfte konzentrieren sich an der **Kompagnistræde, Læderstræde** und **Bredgade** sowie an der **Ravnsborggade** in Nørrebro und an der **Nordre Frihavnsgade** in Østerbro.

Flohmärkte

Kopenhagen bietet vor allem in der wärmeren Jahreszeit zahlreiche Anlaufstellen.
Termine unter: www.visitcopenhagen.com/copenhagen/flea-markets.

– **Thorvaldsens Antique Market** (ältester Antikmarkt am Thorvaldsens Plads, Mai–Okt. Fr/Sa 10–17 Uhr)
– **Ravnsborggade** in Nørrebro (ausgewählte So 10–16 Uhr)
– **Nørrebro** (am Friedhof Assistens, längster Flohmarkt Dänemarks, April–Okt. Sa 9–15 Uhr)
– **Halmtorvet** in Vesterbro (ältester Flohmarkt der Stadt, April–Okt. Sa 8–16 Uhr).
– **Remisen** in Østerbro (Blegdamsvej 132, Indoor-Flohmarkt an ausgewählten Sa/So 10–16 Uhr)
– **Frederiksberg** (hinter dem Rathaus des Stadtteils, April–Okt. Sa 9–15 Uhr) ■

Mit Kindern in der Stadt

Kopenhagen ist durch die kurzen Wege, die entspannte dänische Mentalität und die zahlreichen kindgerechten Einrichtungen allzeit eine Familienreise wert. Ob eine Bootsfahrt durch die Kanäle und den Hafen, eine Fahrradtour zum nächsten Park oder zur Kleinen Meerjungfrau, eine Kutschfahrt im Jægersborg Dyrehave (Hirschpark) bei Klampenborg, ein Tagesausflug in die Freizeitparks Tivoli und Bakken oder eine Entdeckungstour durch aufregende Museen: Kopenhagen hat viel zu bieten. Und sogar die Metro begeistert hier die Kleinen. Setzen Sie sich in die erste Reihe des Zuges und verfolgen Sie die Fahrt der führerlosen Metro durch die Tunnel unter der Stadt. Als Inspirationsquelle für Reisende mit Kindern hat sich www.minicph.com erwiesen.

Bakken ➧ aE4
Dyrehavevej 62, Klambenborg
S-Bahn: Klampenborg, dann 11 Min. zu Fuß
✆ 39 63 35 44, www.bakken.dk
März–Aug. geöffnet, genaue Öffnungszeiten vgl. Homepage
Eintritt frei, Mehrfahrtenkarte DKK 269, Kinder (bis 115 cm) DKK 189
Der über 430-jährige Vergnügungspark, nördlich von Kopenhagen gelegen, ist der älteste der Welt und bietet zahlreiche Attraktionen, Spielmöglichkeiten, eine Showbühne und Gastronomie. Eine echte, in Deutschland ziemlich unbekannte Alternative zum Tivoli.

Die Helix-Treppe im neuen Experimentarium in Hellerup

Den Blå Planet/Blauer Planet ➧ aG5
Jacob Fortlingsvej 1, Kastrup
Metro 2: Kastrup oder Bus 5A: Den Blå Planet
✆ 44 22 22 44
www.denblaaplanet.dk
Mo 10–21, Di–So 10–17 Uhr
Eintritt DKK 170/95 (3–11 J.)
Größtes, im März 2013 eröffnetes Aquarium Nordeuropas mit ca. 450 Spezien. Heimat von 20 000 Fischen und Meerestieren.

ENIGMA – Museum for Post, Tele og Kommunikation
Vgl. S. 32.

Experimentarium ➧ aF5
Tuborg Havnevej 7, 2900 Hellerup
S-Bahn: Øresundstog oder Svanemøllen; Bus 1A oder 21: Tuborg Boulevard
✆ 39 27 33 33
www.experimentarium.dk
Mo–Mi, Fr 9.30–17, Fr 9.30–20, Sa/So 10–18 Uhr
Eintritt DKK 195/115 (3–11 J.), online günstiger
Ein Museum, in dem Anfassen, Mitmachen, Fühlen, Spaßhaben und Lernen ausdrücklich erlaubt und gewünscht ist – wiederer-

Erleben & Genießen

öffnet im Januar 2017 als Science Center in einem neuem spektakulären Gebäude in Hellerup.

Frilandsmuseet
Vgl. S. 32 f.

Guinness World of Records Museum ➜ D8
Østergade 16
℡ 33 32 31 31, www.guinness.dk
Juni–Aug. tägl. 10–22, sonst So–Do 10–18, Fr/Sa bis 20 Uhr
Eintritt DKK 81/45, es gibt ein Kombiticket mit Ripley's und Andersen-Märchenhaus
Vom giftigsten Frosch zum größten Mann der Welt gibt es hier rund 500 Superlative.

H. C. Andersen Eventyrhuset/Märchenhaus
Vgl. S. 33.

Lego Store ➜ E7
Vimmelskaftet 37
Mo–Do, Sa 10–18, Fr bis 19, So 11–17 Uhr
Großer Lego-Laden, der auch exklusive Sets führt.

Ripley's Believe It or Not! Museum ➜ E7
Rådhuspladsen 57 (am Monument der Lurenbläser)
℡ 33 32 31 31
www.ripleys.dk
Mo–Do 10–18, Fr/Sa bis 20 Uhr
Eintritt DKK 81/45, Kombiticket mit Guinness Museum und Andersen-Märchenhaus
»Unglaubliches« ist in diesem amüsanten Kuriositätenkabinett zu sehen: eine Kuh mit acht Beinen, eine Rasierklingen schluckende Frau, Filme von Niagaraabfahrten und andere Grauslichkeiten. In demselben Gebäude wie das Andersen-Märchenhaus.

Sømod's Bolcher ➜ D7
Nørregade 24 und 36 B (Hinterhof)
www.soemods-bolcher.dk
Mo–Do 9.15–17.30, Fr bis 18, Sa 10–14.30 Uhr
Die Bonbonfabrik, in der seit 1891 Zuckerzeug zum Lutschen mit natürlichen Aromen noch per Hand hergestellt wird, ist ein Symbol dänischer Naschsucht! Besucher können bei der Fertigung zuschauen und im Laden Bonbons aller Arten und Formen kaufen.

Spielplätze
– im Ørstedsparken ➜ D6
– im Kongens Have ➜ C8
– Skydebanehaven ➜ G4
– im Fælledparken in Østerbro ➜ nördl. A6
– im Nørrebroparken ➜ A2

Tivoli
Vgl. S. 18 f., 50 f.

Tycho Brahe Planetarium ➜ F5
Gamle Kongevej 10
℡ 33 12 12 24
www.planetariet.dk
Mo 12–19.10, Di 10.30–19.10, Mi/Do 9.30–19.10, Fr/Sa 10.30–20.30, So 10.30–19.10 Uhr, Eintritt (inkl. IMAX-Film) DKK 150/99
Das Planetarium zeigt IMAX- und 3-D-Filme (Kopfhörer mit englischer Übersetzung) zu Geo- und Weltraumthemen und informiert über aktuelle astronomische Erkenntnisse. Eine Ausstellung präsentiert Objekte der Raumfahrt und Planetenmodelle.

Zoologisk Have/Zoologischer Garten ➜ G1
Roskildevej 38, Frederiksberg
℡ 72 20 02 00, www.zoo.dk
Tägl. ab 10 Uhr bis Einbruch der Dunkelheit (16, 17, 18 bzw. 20 Uhr), Eintritt DKK 180/100
Der 1859 gegründete, im Frederiksberg Park gelegene Zoo genießt international einen guten Ruf. Das beliebte Elefantenhaus hat der Stararchitekt Norman Foster entworfen. ■

Erholung und Sport
Parks, Fahrradfahren, Baden, Wellness

Die Gelassenheit und Gemütlichkeit der Dänen ist legendär, und das spürt man natürlich auch in Kopenhagen. Das liegt nicht zuletzt an den vielen Grünflächen und Plätzen, die bei schönem Wetter von einheimischen und auswärtigen Sonnenanbetern bevölkert werden. Man entspannt sich, picknickt oder treibt Sport. Sportliche Betätigung und spannendes Sightseeing verbindet man am besten bei einer Kajaktour durch die Kanäle von Christianshavn oder bei einer geführten Radtour. Und kaum eine andere Großstadt bietet so viele Bademöglichkeiten im Freien, die schnell zu erreichen sind.

Parks

**Botanisk Have/
Botanischer Garten** ➝ B/C7
Haupteingang: Gothersgade 128
✆ 35 32 22 40
www.botanik.snm.ku.dk
Im Sommer tägl. 8.30–18, im Winter bis 16 Uhr
Eintritt frei
Der botanische Garten mit Rosarium, Palmenhaus (tägl. 10–15 Uhr) und Kakteenhaus (Mi, Sa/So 13–14 Uhr) beheimatet auf zehn Hektar eine Vielzahl tropischer und subtropischer Pflanzen. Auf dem Gelände befindet sich ein Blumenladen.

**Frederiksberg Have/
Frederiksberg-Garten** ➝ F–H1
Tägl. 7 Uhr bis Einbruch der Dunkelheit
Der im 18. Jh. angelegte Park um das Schloss Frederiksberg in der gleichnamigen Kommune innerhalb Kopenhagens bietet neben viel Rasen einen künstlichen Wasserfall, einen chinesischen Pavillon, einen Spielplatz und Kanäle, auf denen man sich in Booten herumschippern lassen kann.

**Kongens Have/
Königsgarten** ➝ B/C7
Schloss Rosenborg
Øster Voldgade 4 a
✆ 33 15 32 86
www.rosenborg-slot.dk
Tägl. 7 Uhr bis Einbruch der Dunkelheit
Der älteste royale Park des Landes (von 1606) und die älteste Grünanlage der Stadt am **Schloss Rosenborg** ist im Sommer ein Eldo-

Bootstour im Frederiksberg Have

Erleben & Genießen

Kopenhagen liegt am Meer und es liegt nahe, den einen oder anderen Strand zu erproben

rado für Sonnenanbeter. Auf dem neuen Abenteuerspielplatz toben die Kinder, und im Sommer finden Theateraufführungen statt.

Fælledparken/Volkspark
➙ nördl. A5
Bus 14: Parken
Der Volkspark war einst Weideland und ist nun der größte Park der Stadt. Hier spielt man Schach oder Fußball, es gibt einen Spielplatz, ein Café, eine Skaterbahn sowie Partys und Konzerte.

Sportliche Aktivitäten

DGI-byen ➙ G6
Tietgensgade 65
✆ 33 29 80 00
www.dgi-byen.dk
Großer Sportkomplex hinter dem Hauptbahnhof mit Schwimmhalle, Bowlingbahn, Badmintoncourts, Kletterturm, Fitnesszentrum, Spa, Restaurant, Hotel. Für jeden Besucher geöffnet.

Kajaktouren ➙ E8
Havkajakvej 8
✆ 40 50 40 06
www.kajakole.dk
Mehrmals täglich geführte Kajaktouren durch die Kanäle von Kopenhagen. Ab DKK 295 für 1,5 Std. inkl. Getränk.

Urban Ranger Camp ➙ C12
Refshalevej 177
✆ 51 20 77 03
www.urbanrangercamp.dk
Buchungen online oder während der Bürozeiten: Mo–Fr 9–17 Uhr
DKK 395 (3–4 Std.), ab 16 J.
Der momentan weltweit höchste Indoor-Hochseilgarten befindet sich in zwei Hallen der ehemaligen Schiffswerft Burmeister & Wain. Hier wurden früher Containerschiffe gebaut, heute klettert man über vier Parcours mit unterschiedlichen Schwierigkeitsgraden – ein Adrenalin-Kick.

Fahrradfahren

Kopenhagen hat ca. 400 km Radwege. Seit 2013 verfügt die Stadt über ein innovatives **Leihradsystem** (vgl. S. 92 f.). Viele Hotels und Fahrradläden verleihen ebenfalls Räder, u. a.:

Københavns Cykelbørs ➙ C6
Gothersgade 157
✆ 33 14 07 17
www.cykelboersen.dk
Mo–Fr 9–17.30, Sa 10–14 Uhr, DKK ab 90 pro Tag, Depot DKK 300

Pedal Atleten ➙ A9
– Oslo Plads 9
✆ 33 33 85 13

Erholung und Sport

– Gråbrødretorv 16
✆ 33 11 28 65
www.pedalatleten.dk
Mo–Fr 8–18, Sa 10–15 Uhr
DKK 85 pro Tag, Depot DKK 500

Baden

Nachdem 2002 das erste Hafenbad **Islands Brygge** ➔ G8, an der Langebro Brücke, mit großer Begeisterung von Einheimischen und Touristen aufgenommen wurde, entstanden in den folgenden Jahren zwei weitere Hafenbäder: **Havnebadet Fisketorvet** ➔ südl. H6 (auch Copencabana), neben dem Einkaufszentrum Fisketorvet, und **Havnebadet Sluseholmen** ➔ südl. H7, in Sydhavn. Die Bäder öffnen im Juni, die Saison geht bis etwa Anfang Sept. (tägl. 11–19 Uhr).

Den Stadtstrand in Østerbro, **Svanemøllen Strand** ➔ nördl. A10, nahe der Station Svanemølle gibt es seit dem Sommer 2010.

Mit S-Bahn, Bus oder per Rad gelangt man zu mehreren **stadtnahen Stränden am Øresund** mit Bade- und Sportmöglichkeiten:

❀ **Amager Strandpark** ➔ aG5
www.kk.dk/amagerstrandpark
Unweit des Stadtzentrums entstand ein 4,6 km langer und 50 m breiter Strand, der als Amager Strandpark (auch »Amager Riviera«, »Copaamager«) Tausenden Gästen südeuropäische Strandatmosphäre vermittelt. Es gibt Grillplätze, Cafés, Bootsverleih, Spielplätze und ein künstliches Tauchrevier; der Eintritt ist frei. Mit der Metro sind es nur 7 Minuten bis hierher (Station Amager Strand).

Charlottenlund Søbad ➔ aF5
Kystvejen 2, 2920 Charlottenlund
S-Bahn: Charlottenlund, dann Bus 192: Jægersborgallé
✆ 39 64 36 74
www.charlottenlund-soebad.dk
Juni–Aug. tägl. 9–19 Uhr
Tageskarte DKK 20/10

Bellevue Strandbad ➔ aE5
Strandvejen 340
2930 Klampenborg
S-Bahn: Klampenborg oder Bus 1A: Bellevue
✆ 39 90 06 95
Von Arne Jacobsen entworfenes Strandbad. Der Strand ist ca. 700 m lang und 20 bis 40 m breit.

Kastrup Søbad ➔ aG5
Amager Strandvej 301
2770 Kastrup
Metro 2: Femøren
✆ 32 51 51 35
Juni Mo–Fr 15–18, Sa/So 11–18, Juli tägl. 11–20, Aug.–Mitte Sept. Mo–Fr 15–20, Sa/So 11–20 Uhr
Die hölzerne Badeplattform ist eine Augenweide.

Wellness

Arndal Spa & Fitness ➔ D9
St. Kongensgade 21
✆ 33 33 02 42
www.arndalspa.dk
Luxusspa mit vielfältigen Anwendungen und Fitnessbereich.

DGI-byen
Vgl. S. 76.

Ni'mat ➔ C6
Im Hotel King Arthur
Vendersgade 27
✆ 33 15 89 55, www.nimat.dk
Asiatisch inspirierte Wellnessoase. ■

In der City: Hafenbad Islands Brygge

Chronik

Daten zur Stadtgeschichte

11. Jh.	Der Ort wird erstmals als Fischerdorf mit Handelsplatz genannt. Aus diesem »Hafn« wird mit der Zeit »København«.
1167	Bischof Absalon errichtet auf einer »Hafn«-Insel eine Burg zum Schutz vor den Wenden.
1219	Die Nationalflagge Danebrog wird zum ersten Mal urkundlich erwähnt.
1254	Kopenhagen erhält Stadtrechte. Hauptstadt, Bischofsresidenz und Königssitz bleibt jedoch – Reichszentrum seit dem 10. Jh. – das landein gelegene Roskilde noch bis ins 15. Jh.
1368	Die Hanse zerstört Stadt und Burg.
1387	Königin Margrethe I. unterwirft Schweden und vereinigt Skandinavien als Kalmarer Union unter einer Krone. 1523 schert Schweden wieder aus, die Doppelmonarchie mit Norwegen zerbricht erst 1814.
1416	König Erik von Pommern besiegt den mächtigen Bischof von Roskilde. Der Bistumsbesitz Kopenhagen wird Königsresidenz und
1443	mit neuer Verfassung Dänemarks Hauptstadt.
1449	Christian I. ist der erste König, der in Kopenhagen gekrönt wird.
1517	Die dänische Kirche trennt sich von Rom.
1536	Reformationszeit während der Herrschaft Christians III.
1563–70	Dreikronenkrieg (auch: Nordischer Siebenjähriger Krieg) zwischen Schweden und Dänemark, veranlasst durch den Anspruch Dänemarks, die »Drei Kronen« des schwedischen Wappens zu führen. Der Streit wird ohne Ergebnis im Frieden von Stettin beigelegt.
1588–1648	Christian IV., dänischer »Sonnenkönig«, errichtet als Baumeister Dänemarks u.a. in Kopenhagen die Börse und das Kastell, macht den Runden Turm der Trinitatis-Kirche zum Observatorium und lässt Christianshavn anlegen.

Christian I. mit seiner Frau Dorothea von Brandenburg

Christian III. führte in Dänemark die Reformation ein

Daten zur Stadtgeschichte

Ansicht von Kopenhagen auf einem Kupferstich…

1611–13	Kalmarkrieg zwischen Schweden und Dänemark, vor allem durch wirtschaftliche Interessen beider Länder in der Finnmark veranlasst. Schweden muss nach der Schlichtung die Finnmark an Dänemark abgeben.
1648–70	Unter Frederik III. werden Absolutismus und erbliche Monarchie eingeführt.
1700–21	Großer Nordischer Krieg. Danach territoriale Neugliederung Nordeuropas.
1728	Dem ersten Großbrand fallen rund 1700 Gebäude zum Opfer. Das Feuer soll in einer Kerzenzieherei entstanden sein.
1795	Zweiter Großbrand, mehr als 1000 Gebäude, darunter die St.-Nikolai-Kirche, werden zerstört.
1801	Versenkung der dänischen Flotte durch die Engländer in den Napoleonischen Kriegen.
1807	Beschuss Kopenhagens durch die britische Flotte, über 300 Gebäude werden zerstört.
1814	Dänemark muss Norwegen an Schweden abtreten.
1843	Eröffnung des Vergnügungsparks Tivoli.
1848–50	1. Deutsch-Dänischer Krieg um die Herzogtümer Schleswig und Holstein, die durch den Frieden von Berlin Dänemark unterstellt werden. Dänemark garantiert ihnen Autonomie.
1849	Ende des Absolutismus. Einführung eines Zweikammerparlaments mit konstitutioneller Monarchie. Verkündung einer neuen Verfassung, die das allgemeine Wahlrecht garantiert.

… von Georg Braun und Frans Hogenberg (Köln, um 1575)

Chronik

1857	Dänemark verzichtet auf den seit Jahrhunderten erhobenen Zoll für die Passage durch den Øresund.
1863	Dänemark dehnt das Reichsrecht auf das im Krieg 1848/50 eroberte Schleswig aus, provoziert damit den 2. Deutsch-Dänischen Krieg und verliert Schleswig und Holstein-Lauenburg.
1913	Die Bronzefigur der Kleinen Meerjungfrau nach einem Märchen von H.C. Andersen wird aufgestellt.
1914	Im Ersten Weltkrieg bleibt Dänemark neutral.
1918	Dänemark erkennt Islands Selbstständigkeit an, der dänische Monarch bleibt jedoch Staatsoberhaupt.
1920	Durch Volksabstimmung kommt Nordschleswig zu Dänemark und Südschleswig zu Deutschland.
1924	Eröffnung des Flughafens.
1940	Am 9. April besetzen deutsche Truppen Dänemark.
1943	Die am 1. Oktober geplante Deportation der in Dänemark lebenden Juden wird durch die Solidarität der Bevölkerung unterlaufen. Etwa 7000 Menschen entkommen über den Øresund nach Schweden.
1944	Island erklärt sich nach einem Referendum zur selbstständigen Republik.
1945	Dänemark wird von britischen Truppen befreit.
1948	Die Färöer-Inseln erhalten für innere Angelegenheiten die Autonomie.
1949	Dänemark wird NATO-Mitglied.
1953	Das dänische Parlament, der Folketing, wird Einkammer-Reichstag, Abschaffung des Landsting. Einführung der weiblichen Thronfolge durch Verfassungsänderung.
1953	Dänemark ist Gründungsmitglied der EFTA.
1962	Strøget, eine Folge von Straßen im Zentrum der Stadt, wird erste Fußgängerzone Europas.
1963	Kopenhagen rückt durch die Eröffnung der »Vogelfluglinie« Puttgarden–Rødby dem europäischen Kontinent näher.
1964	Unbekannte sägen der Kleinen Meerjungfrau den Bronzekopf ab. Auch der Nachguss wird beschädigt.
1967	Auf Strøget wird das 800. Gründungsjahr der Stadt gefeiert.
1972	Nach dem Tod Frederiks IX. besteigt seine Tochter, Margrethe II., den Thron.
1973	Dänemark tritt der EG bei.
1979	Grönland erhält Selbstverwaltung.
1988	Zweites Attentat auf die Kleine Meerjungfrau, ihr wird von Unbekannten der Kopf abgesägt.
1992	Die Dänen lehnen in einer ersten Volksabstimmung den Vertrag von Maastricht mit knapper Mehrheit ab, bei einer zweiten stimmen sie ihm zu.
1996	Kopenhagen ist europäische Kulturstadt des Jahres; Anlass für Neubauten und Restaurierungen.
1997	Königin Margrethe II. feiert ihr 25. Thronjubiläum.
1998	Eine durchgehende Eisenbahn- und Straßenverbindung zwischen Kontinent und Kopenhagen entsteht durch die Brücke über den Großen Belt.

Daten zur Stadtgeschichte

2000	Feierliche Eröffnung der Øresundbrücke nach Malmö in Schweden. Die Einführung des Euros wird durch ein Referendum abgelehnt.
2002	Auf dem EU-Gipfel in Kopenhagen werden am 13. Dezember die EU-Beitrittsverhandlungen mit zehn neuen Mitgliedsländern abgeschlossen.
2003	Das dritte Attentat auf die Kleine Meerjungfrau: Unbekannte stoßen sie vom Stein.
2005	Im Januar eröffnet das von Henning Larsen entworfene Opernhaus. Hans Christian Andersens 200. Geburtstag wird landesweit gefeiert.
2008	Deutschland und Dänemark unterzeichnen in Kopenhagen einen Staatsvertrag zum Bau einer rund 20 km langen Ostseebrücke über den Fehmarnbelt. Das neue Schauspielhaus am Hafenbecken wird eingeweiht.
2009	Vom 7. bis 18. Dezember findet in Kopenhagen der Weltklimagipfel statt, an dem 192 Nationen teilnehmen.
2010	Eine Installation des chinesischen Künstlers Ai Weiwei ersetzt die Kleine Meerjungfrau im Jahr 2010, während sie auf der World EXPO 2010 in Shanghai steht.
2011	Die Christianiten nehmen das Angebot des Staates an und kaufen das Gelände der sogenannten Freistadt. Die Zukunft von Christiania ist somit gesichert.
2012	In einem Archiv in Odense wird Hans Christian Andersens erstes Märchen »Talglicht« wiederentdeckt.
2014	Am 10. Mai findet in Kopenhagen der Eurovision Song Contest statt.
2016	Die 180 Meter lange Brücke Inderhavensbroen, die Nyhavn und Christianshavn verbindet, wird an Fußgänger und Radler übergeben.
2017	Im Januar eröffnet das Experimentarium, das Wissenschaftsmuseum, am neuen Standort in Hellerup mit 16 interaktiven Ausstellungen und einem Kino auf 11 500 Quadratmetern. ■

Die Kleine Meerjungfrau im dänischen Pavillon auf der EXPO in Shanghai 2010

Service von A bis Z

Kopenhagen in Zahlen und Fakten 82
Anreise, Einreise 82
Auskunft 84
Diplomatische Vertretungen 85
Feiertage, Feste 85
Geld, Kreditkarten 87
Hinweise für Menschen mit Handicap 87
Internet 87
Klima, Kleidung, Reisezeit 87
Medizinische Versorgung 88
Notfälle, wichtige Rufnummern 88
Post 88
Presse, TV 88
Rauchen 88
Sicherheit 89
Sightseeing, Touren 89
Sprachhilfen 90
Strom 91
Telefonieren 91
Trinkgeld 92
Verkehrsmittel, Parken 92
Zeitzone 93
Zoll 93

Kopenhagen in Zahlen und Fakten

Einwohner: 569 557
Einwohner Großraum: 1,23 Mio.
Stadtbezirke: 15
Sprache: Dänisch
Religion: evangelisch-lutherisch
Pendler pro Tag: 175 000 nach Kopenhagen und 105 000 von Kopenhagen
Fahrräder und Mopeds: 172 000 pro Tag durch Innenstadtbereich

Anreise, Einreise

Für die Einreise nach Dänemark genügt für Deutsche, Österreicher und Schweizer der Personalausweis. Durch den Beitritt Dänemarks zum Schengener Abkommen finden Identitätskontrollen nicht mehr statt.

Mit dem Flugzeug
Der internationale Copenhagen Airport, **Københavns Lufthavn**
 aG5 (www.cph.dk), liegt im Vorort Kastrup auf der Insel Amager. Zur City sind es von dort nur zehn Kilometer. Züge fahren vom internationalen Terminal 3 wochentags alle zehn bis 20 Minuten Richtung Kopenhagen und halten u.a. am Hauptbahnhof. Die Tickets müssen vorher am Automaten oder am Schalter erworben werden.

Seit 2007 ist der Flughafen auch an die Metro (ebenfalls im Terminal 3) angeschlossen. Die M2, die tagsüber alle vier bis sechs Minuten fährt, bringt die Reisenden in 15 Minuten in die

Service von A bis Z

Die Øresundbrücke verbindet das schwedische Malmö mit Kopenhagen

Innenstadt. Automaten stehen vor dem Metrogleis. Die Kosten für ein Ticket richten sich nach den zu fahrenden Zonen.

Mit der **Copenhagen Card** (vgl. S. 84) ist der Transport mit S-Bahn und Metro kostenlos. Taxistände befinden sich vor den Terminals.

Planen Sie bei der Heimreise etwas mehr Zeit für den Aufenthalt am Flughafen ein. Der Flughafen ist keiner der kurzen Wege. Vom Security Check zum Gate muss man mitunter noch ein paar Minuten laufen. Und die vielen Läden im Abflugbereich lassen die Zeit auch leicht vergessen.

Mit dem Auto

Es gibt mehrere Möglichkeiten: Die Strecke auf dem längeren Landweg über die Autobahn von Hamburg via Flensburg und die zwei Brücken über **Kleinen und Großen Belt** beträgt etwa 480 km; der Brückenzoll über den Großen Belt kostet ab DKK 240 (€ 34) für einen Pkw (www.storebaelt.dk).

Ebenfalls per Autobahn, aber schneller, geht es via Lübeck und die Vogelfluglinie über Fehmarn. Achtung: Die Fehmarnsundbrücke kann bei starkem Wind für Wohnwagengespanne gesperrt sein! Die Scandlines-Fähren von **Puttgarden nach Rødby** fahren halbstündlich jeweils um 15 Minuten bzw. 45 Minuten nach voller Stunde. Die Überfahrt dauert 45 Minuten, von Hamburg sind es auf diesem Weg etwa 330 km.

Service von A bis Z

Copenhagen Card

Dieser »Stadtschlüssel« im Kreditkartenformat berechtigt zur freien Fahrt mit Metro, Bus und Bahn auf ganz Seeland, zu freiem Eintritt in rund 79 Museen und Sehenswürdigkeiten, darunter dem Tivoli, sowie zu Preisermäßigungen bei den Kanal- und Citytouren und in Restaurants. Man bekommt die Copenhagen Card am Flughafen, im Büro der Tourist Information, in manchen Hotels oder bestellt sie online unter www.copenhagen.de.

Sie kostet DKK 389 für 24 Std., DKK 549 für 48 Std., DKK 659 für 72 Std. oder DKK 889 für 120 Std. Kinder bis 15 Jahre zahlen entsprechend DKK 199, DKK 279, DKK 329 oder DKK 449; Kinder unter 10 Jahren in Begleitung eines Erwachsenen nichts. Die Karte gilt ab der beim Verkauf eingetragenen Uhrzeit und nur mit Unterschrift des Trägers.

Da manche Museen generell kostenlosen Eintritt gewähren oder mittwochs keinen Eintritt erheben, sollte man vorher ausrechnen, ob sich die Karte lohnt.

Von **Rostock nach Gedser** verkehren die Scandlines-Fähren neunmal täglich. Die Fahrt dauert 105 Minuten. Von Gedser nach Kopenhagen sind es knapp 150 km. Infos unter: Scandlines, ✆ 01802-116699, www.scandlines.de.

Von Stockholm kommend überquert man die mautpflichtige **Øresundbrücke** von Malmö aus (www.oresundsbron.com). Preis für einen Pkw etwa € 56.

Auf den dänischen Straßen gelten streng überwachte **Tempolimits** von 130 km/h auf Autobahnen und 110 km/h auf Schnellstraßen, 80 km/h auf Landstraßen und 50 km/h in der Stadt (in Kopenhagens Zentrum 40 km/h).

Auch bei Tage muss **Abblendlicht** eingeschaltet werden. Anschnallpflicht gilt für Fahrer und Beifahrer. Das **Alkohollimit** für Fahrer beträgt 0,5 Promille. Während der Fahrt ist das **Telefonieren mit Handy** untersagt.

Das Kopenhagen ist in **vier Parkzonen** (rot, grün, blau, gelb) unterteilt, die unterschiedlich viel kosten. Je weiter man sich vom Zentrum entfernt, umso günstiger wird das Parken. Frederiksberg erhebt eigene Tarife.

ADAC-Notruf ✆ +49-89 22 22 22

Mit der Bahn

Auch mit dem Zug hat man die Wahl zwischen der längeren Landstrecke über Flensburg und die Beltbrücken und der Vogelfluglinie. Der ICE benötigt fast fünf Stunden von Hamburg nach Kopenhagen (von Berlin über Hamburg 8 Std.) ohne Umsteigen. Der von Berlin kürzere Weg über Rostock–Gedser ist für Reisende ohne Fahrzeug nicht empfehlenswert. Von Berlin, Köln und Basel fährt täglich jeweils ein Nachtzug nach Kopenhagen. Infos unter www.bahn.de.

Im **Kopenhagener Hauptbahnhof** ➜ F/G6 befinden sich Schließfächer zur Gepäckaufbewahrung.

Mit dem Bus

Seit ein paar Jahren verbinden Fernbusse deutsche Großstädte mit Kopenhagen. Von Berlin benötigt man nonstop 8 Std., von Hamburg 5 Std. und von Köln 14 Std. Infos unter: www.flixbus.de.

Auskunft

Visit Denmark
✆ 01805-32 64 63
www.visitdenmark.com
Prospektbestellung über das Internet möglich.

Service von A bis Z

Visit Copenhagen ➜ F6
Vesterbrogade 4 (in der Nähe des Hbf.), DK-1620 København V
✆ 70 22 24 42
www.visitcopenhagen.com
Jan.–April Mo–Fr 9–16, Sa 9–14, Mai/Juni Mo–Sa 9–18, Juli/Aug. Mo–Sa 9–20, So 10–18, Sept. Mo–Sa 9–18, Ende Sept.–Dez. Mo–Fr 9–16, Sa 9–14 Uhr
Umfangreiches Informationsmaterial; kompetente und freundliche Mitarbeiter helfen gern weiter.

Diplomatische Vertretungen

Deutsche Botschaft ➜ B8
Stockholmsgade 57
DK-2100 Kopenhagen
✆ 35 45 99 00
www.kopenhagen.diplo.de
Konsularischer Service: Mo, Mi–Fr 9–12, Di 13–16 Uhr
Notfalltelefon außerhalb der Dienstzeiten (keine Visaangelegenheiten) ✆ 40 17 24 90

Österreichische Botschaft
➜ nördl. A9
Sølundsvej 1
DK-2100 Kopenhagen
✆ 39 29 41 41
www.aussenministerium.at/kopenhagen
Konsularischer Service: Mo–Fr 9.30–12 Uhr (Eingang: Svanemølleveg 7)

Schweizer Botschaft ➜ D9
Richelieus Allé 14
DK-2900 Hellerup, ✆ 33 14 17 96
www.eda.admin.ch/copenhagen
Seit 2011 kein konsularischer Service. Infos bei der Botschaft.

Feiertage, Feste

Offizielle Feiertage:

Im zu 86 % protestantischen Dänemark gibt es nur wenige religiöse Feiertage:

Neujahrstag
Gründonnerstag
Karfreitag
Ostersonntag und -montag
Buß- und Bettag
Himmelfahrt
Pfingstsonntag und -montag
Verfassungstag – 5. Juni ist ab 12 Uhr offizieller Feiertag
Weihnachten (25. und 26. Dezember)

Feste:

Februar/März
Wondercool Festival – gastronomische Safaris und zahlreiche Konzerte sowie Veranstaltungen an zahlreichen Orten der Innenstadt
Beim **Fastelavn,** dem Fasching, verkleiden sich vor allem die Kinder und vollziehen das tradi-

Samba-Rhythmen wie in Rio: der Karneval von Kopenhagen

Das Copenhagen Jazz Festival bietet im Juli über 400 Konzerte

tionelle »Katzenschlagen« auf dem Rathausplatz. Dabei wird ein Holzfass mit einer Katze als Symbol der bösen Mächte, die aus der Stadt vertrieben werden sollen, bemalt. Die Kinder schlagen nacheinander so lange auf das Fass, bis es zerfällt.
CPH:DOX – internationales, größtes Dokumentarfilmfestival Skandinaviens mit mehr als 200 Vorführungen und einem Rahmenprogramm (www.cphdox.dk)

Mai
Copenhagen Marathon – durch die Innenstadt (www.copenhagenmarathon.dk)
Karneval – südamerikanisch angehauchtes Spektakel zu Pfingsten mit zwei Paraden in Fælledparken

Juni
Sankt Hans Aften – das Mittsommerfest wird im gesamten Land am 23. Juni ausgiebig gefeiert. Höhepunkt ist die »Hexenverbrennung«, um böse Geister fernzuhalten.

Juni/Juli
Distortion – großes kostenloses Musikfestival in Vesterbro, Nørrebro und am Hafen mit zahlreichen Bühnen und bis zu 100000 Besuchern Anfang Juni (www.cphdistortion.dk)
Roskilde Festival – größtes nordeuropäisches Festival (www.roskildefestival.dk)

Juli
Copenhagen Jazz Festival – über 450 Konzerte mit internationalen Künstlern in Kneipen, Clubs und Parks (www.jazz.dk)
Grøn Concert – eine Reihe von Rockkonzerten mit nationalen Stars, gesponsert von Tuborg (www.groenkoncert.dk)
Copenhagen Summer Festival – Klassikkonzerte und Kammermusik mit internationalen Künstlern, zwölf Konzerte an zwölf Tagen (www.copenhagensummerfestival.dk)

August
Kunsthandwerkermarkt – dänische Handwerkskunst, vor der Vor Frue Kirche (www.kunsthaandvaerkermarkedet.dk)
Kulturhavn – dreitägiges Hafenfest für die ganze Familie an Islands Brygge (www.kulturhavn.kk.dk)
Copenhagen Fashion Festival – Modeevents in der ganzen Stadt parallel zur Modefachmesse (www.copenhagenfashionfestival.com), mit einem Ableger Ende Januar/Anfang Februar
Copenhagen Pride Parade – jährlicher lesbisch-schwuler Umzug durch die Innenstadt (www.copenhagenpride.dk)
Geburtstag der Kleinen Meerjungfrau – Feierlichkeit am 23. August bei der Statue

August/September
Copenhagen Cooking – 10-tägges Nordic Food Festival, neueste Trends der Kochkunst und regionale Leckereien (www.copenhagencooking.com)
Golden Days – dreiwöchiges historisches Festival in Anlehnung an das Goldene Zeitalter Dänemarks (www.goldendays.dk)

Service von A bis Z

Oktober
Kulturnatten – große Kulturnacht, mit zahlreichen Vorstellungen in Museen, Galerien, Kirchen und auf Plätzen; Fest für die ganze Familie mit jährlich fast 100 000 Besuchern aus ganz Dänemark (www.kulturnatten.dk).

November
CPH:PIX – das große Spielfilmfestival in den Kinos der Stadt (www.cphpix.dk)

November/Dezember
Weihnachtsmarkt – von Ende November bis zum 23. Dezember im Tivoli

Geld, Kreditkarten

Für die Anreise mit dem Auto kann man bereits daheim eine gewisse Barschaft in **dänischen Kronen (DKK)** eintauschen, um unterwegs in einem *krog* Einkehr halten zu können oder um auf den Fähren ein *smørrebrød* oder ein Stück *kage* (Kuchen) mit *kaffe* verzehren zu können. Zwar werden auf den dänischen Schiffen auch Euro angenommen, doch verliert man bei der Umrechnung etwas.

Für den Aufenthalt kann man sich vor Ort mit **Kreditkarten**, die fast überall auch zur Zahlung akzeptiert werden, oder mit der EC-Karte an Bankautomaten Bargeld ziehen. **Banken** sind Mo–Fr 10–16 bzw. 17 Uhr geöffnet, Do bis 18 Uhr. Bei einem Barumtausch in der Bank muss man natürlich mit Gebühren rechnen.

Die Münzen sind gewöhnungsbedürftig: 25 und 50 Øre sind kupferfarben, die Werte zu 1, 2 und 5 Kronen sind silbern und in der Mitte gelocht, 10- und 20-Kronen-Stücke sind messingfarben. Die Ziffern der Münzen sind nicht leicht zu erkennen. DKK 100 entsprechen rund € 13,44 (2017).

Hinweise für Menschen mit Handicap

Wie alle skandinavischen Länder ist Dänemark der besonderen Situation behinderter Mitbürger gegenüber sehr aufgeschlossen. Die für sie reservierten Parkplätze werden respektiert, die Bordsteine an den Straßenecken sind rollstuhlfreundlich abgeflacht, es gibt öffentliche Toiletten und Telefone für Rollstuhlfahrer und Aufzüge in den S-Bahn-Stationen sowie im Hauptbahnhof, in Museen stehen oft Rollstühle bereit, und auch in Restaurants ist man entgegenkommend und hilfsbereit.

Es wird empfohlen, sich im Vorfeld des Besuchs kurz telefonisch Informationen zur Barrierefreiheit einzuholen.

Eine spezielle Broschüre ist über die Tourismusbüros in Hamburg und Kopenhagen zu beziehen. Infos auch auf Deutsch unter: www.godadgang.dk.

Internet

Viele Cafés und Hotels bieten mittlerweile einen drahtlosen Internetzugang (WLAN) an.

Zahlreiche Infos, auch auf Deutsch, zur Stadt erhält man unter www.visitcopenhagen.dk.

Klima, Kleidung, Reisezeit

Ein ausgeprägtes Meeresklima mit mäßig warmen Sommern – der Mittelwert der monatlichen Maximaltemperaturen beträgt im Juni 19,3 °C, im Juli 22,2 °C und im August 25,4 °C, Spitzenwerte von über 30 °C werden in Kopenhagen auch erreicht. Bei vorherrschenden Westwinden ist häufiger und schneller Wetterwechsel typisch. Die Wassertemperaturen im Meer liegen in den

Service von A bis Z

Sommermonaten bei 18–20 °C. Ein Pullover und Regenzeug sind auch im Sommer angebracht. Die Winter sind überwiegend mild, doch kann beim weihnachtlichen Shopping-Bummel auch Schnee liegen.

Medizinische Versorgung

Als EU-Bürger genießt man in Dänemark mit seiner Krankenversichertenkarte Versicherungsschutz. Wer nach der Behandlung dennoch zur Kasse gebeten wird, hebt alle Quittungen auf und reicht sie zu Hause bei seiner Krankenkasse ein. Dennoch ist der Abschluss einer privaten **Auslandskrankenversicherung** immer zu empfehlen. Diese Versicherungen sind bereits ab zehn Euro pro Person zu haben.

Die ärztliche Versorgung ist außerordentlich gut. **Apotheken** erkennt man am grünen »A« für *apotek*. Im Notfall helfen auch sogenannte **Doctors on Call** telefonisch ⓒ 18 13 (auch Zahnärzte). Ansonsten fährt man mit dem Taxi in das nächstgelegene Krankenhaus.

Notfälle, wichtige Rufnummern

Notruf ⓒ 112
Notarzt und Notzahnärzte (tel. und Vermittlung) ⓒ 18 13
ADAC-Notruf ⓒ +49 -89 22 22 22

Sperrnotruf (verlorene Kreditkarten): ⓒ +49-116 116
Fundbüros:
– allgemein (København Polis, Polititorvet 113) ⓒ 38 74 88 22
– Flughafen ⓒ 32 47 47 25
– Bus ⓒ 36 13 14 15 (nur Dänisch)
– Zug ⓒ 24 68 09 60

Post

Die **Post** ➜ G6 am Hauptbahnhof ist Mo–Fr 9–19, Sa 12–16 Uhr geöffnet. Weitere Postämter in der Innenstadt: Købmagergade 33, Dronningens Tværgade 21. Man zieht hinter dem Eingang einen Wartezettel, dessen Nummer von einem Schalter aufgerufen wird. Briefe bis 50 g und Postkarten kosten innerhalb Europas DKK 9. Briefmarken heißen *frimærke*, Briefkästen, *postbrevkasse*.

Presse, TV

Die beiden großen Hauptstadtzeitungen heißen »Politiken« und »Berlingske Tidende«. Ausländische Zeitungen gibt es im Kiosk des Hauptbahnhofs, im Kiosk 4 auf dem Rathausplatz, im Kiosk 3 des Nytorv und im Magasin du Nord am Kongens Nytorv.

Kostenlose Infobroschüren und Veranstaltungstipps erhält man in vielen Hotels und natürlich in der Tourist Information.

Im dänischen Fernsehen laufen ausländische Filme und Serien in der Originalsprache mit Untertiteln. Deutsches Fernsehen ist in den meisten Hotelzimmern zu empfangen.

Rauchen

In öffentlichen Gebäuden und Verkehrsmitteln ist das Rauchen nicht gestattet. Inzwischen ist das Qualmen auch in Restaurants,

Service von A bis Z

Sightseeing in Kopenhagen

Kneipen, Bars, Discos und am Arbeitsplatz verboten. Einige wenige Pubs besitzen Raucherräume.

Sicherheit

Kopenhagen gilt als kriminell wenig belastete Stadt, doch sollte man, wie in allen Großstädten, beim Parken kein Gepäck sichtbar im Auto liegen lassen und im Gedränge der Fußgängerzone auf Portemonnaie, Handtasche und Kamera acht geben.

Sightseeing, Touren

Den hier beschriebenen Stadtbereich mit einer Ausdehnung von etwa 1500 mal 3000 Metern erkundet man leicht und am besten **zu Fuß.** Trotzdem können sich die zurückgelegten Kilometer schnell summieren. Da ist in der fahrradfreundlichen Stadt ein **Drahtesel** (vgl. Verkehrsmittel) das praktischste und günstigste Fortbewegungsmittel.

Die doppelstöckigen **Sightseeing-Busse** haben teils ein offenes Oberdeck und fahren alle Höhepunkte der Stadtarchitektur ab. Im Angebot sind kleine und große Stadtrundfahrten (auch nach dem Hop-on-hop-off-Prinzip), eine kombinierte Stadt- und Hafenrundfahrt und weitere thematische Touren ins Umland (Schlösser-Tour). Fahrten starten am Rathausplatz vor dem »Palace Hotel« (www.sightseeing.dk).

Eine den Bummel ergänzende ❹ **Bootsfahrt** ist höchst empfehlenswert. Die einstündige **Grand Tour** mit Guide startet von Gammel Strand oder von Nyhavn zwischen 10–18 Uhr mindestens einmal pro Stunde und führt über den Hafenkanal hinweg um die einst künstlich aufgeschütteten Arsenalinseln herum zur Kleinen Meerjungfrau, in den Christianshavnskanal hinein und über den Hafen und unter den Brücken des Holmenskanal hindurch um Schloss Christiansborg herum wieder zurück zum Startpunkt (DKK 80).

Hop-on-hop-off-Boote starten ebenfalls am Nyhavn. An bis zu zehn Sehenswürdigkeiten kann man aus- oder zusteigen. Das Ticket (DKK 110) ist 24 Stunden gültig.

Service von A bis Z

Außerdem werden thematische Bootsfahrten angeboten: Der **Dinner Cruise** dauert zwei Stunden und kostet DKK 499. Der **Jazz Cruise** dauert 1,5 Stunden (DKK 150), der **Operetten-Cruise** 70 Minuten (DKK 180) und der **Blues Cruise** 75 Minuten (DKK 150). Infos für alle Bootstouren unter www.sightseeing.dk.

Spaziergänge:

Sandemans New Copenhagen Tours ➡ F7
www.newcopenhagentours.com
Täglich um 11 Uhr startet am Rathaus die kostenlose Stadttour. Man kann reservieren. Ohne Ticket sollte man ca. 15 Minuten vorher am Treffpunkt sein. Außerdem im Programm: Kneipentour (Do–Sa ab 20.30 Uhr, kostenpflichtig) und Alternatives Kopenhagen (Sa/So 15 Uhr, kostenpflichtig).
Copenhagen Free Walking Tours (www.copenhagenfreewalkingtours.dk) bietet ein sehr ähnliches Programm.

Sightseeing mit den flachen Booten durch die Kanäle

Copenhagen History Tour ➡ E8
℘ 28 49 44 35, www.copenhagenhistorytours.dk
Der Historiker Christian Donatzky führt durch die Geschichte Kopenhagens (engl.): April–Sept. Sa 12 Uhr, Treffpunkt: Højbro Plads an der Statue Bischof Absalons, Gründer von Kopenhagen. Die Touren dauern ca. 1,5 Stunden. Preis: DKK 90. Keine Buchung nötig.

Kajak- und Radtouren:
Vgl. S. 76 f. und

Bike Copenhagen with Mike
➡ E6
http://bikecopenhagenwithmike.dk, bikemikeone@gmail.com
3-stündige, englischsprachige Sommertour (Mitte März–Okt.) mit 10 Stopps tägl. außer Di, Start um 10 Uhr ab Sankt Peders Stræde 47.

Sprachhilfen

Ein kleines Volk wie die 5,6 Millionen Dänen erwartet nicht, dass Besucher seine Sprache lernen. So versteht und spricht man so gut wie überall ein passables bis ausgezeichnetes Englisch, oft auch Deutsch. Ein kleiner dänischer Wortschatz kann, aus Höflichkeit oder beim Lesen oder Sehen fremder Wörter, recht nützlich sein. In die Aussprache muss man sich aber erst hineinhören.

Vor allem für den Vokal a gibt es mehrere Möglichkeiten. Er wird meist als breites ä ausgesprochen wie in *gade,* Straße; genauso klingt jedoch *stræde,* Gasse, wo die ineinander verschlungenen Buchstaben a und e dem deutschen ä entsprechen. Ein Doppel-a oder ein dem entsprechendes å kann einmal ein helles, langes o wie in Boot sein, aber auch ein langes, dunkles o wie in Moor: so beide nacheinander in dem Na-

Service von A bis Z

men *Nivaagaard* – der dazugehörende Ort schreibt sich allerdings *Nivå*.

Der bestimmte Artikel wird an das Substantiv angehängt: *brevkassen* ist **der** Briefkasten, *spisekortet* ist **die** Speisekarte.

bitte, bitteschön	værsgo
danke	tak
Vielen Dank!	Mange tak!
Entschuldigung!	Undskyld!
Guten Morgen!	God morgen!
Guten Tag!	God dag!
Guten Abend!	God aften!
Auf Wiedersehen!	Farvel!

Wie bitte?	Hvad behager?
Wo?	Hvor?
Was?	Hvad?
Wie viel?	Hvor meget?
Hilfe	hjælp

ja	ja
nein	nej
nicht	ikke/ej

gestern	i går
heute	i dag
morgen	i morgen

rechts	højre
links	venstre
geradeaus	ige ud
Straße, Gasse	gade, stræde
Einbahnstraße	ensrettet
geöffnet	aben(t)
geschlossen	lukket
Zimmer	værelse
Kind/Kinder	barn/børn
Bahnhof	banegard/station
Briefkasten	brevkasse
Fahrrad	cykel
Zeitung	avis/blad
Speisekarte	spisekort
Speisegericht/e	ret/retter
Frühstück	morgenmad
Vorspeise	forret
Mittagessen	frokost
Abendessen	middag
Tasse	kop
Teller	tallerken
Gabel	gaffel
Messer	kniv
Löffel	ske
Kellner, Ober	tjener
Rechnung	regning

Fleisch	kød
Geflügel	fjerkræ
Frikadellen	frikadeller
Lachs	laks
Hering	sild
Gemüse	grønsager
Kartoffeln	kartofler
Obst	frugt
Käse	ost
Brot	brød
Brötchen	rundstykke
Butter	smør
Milch	mælk
Salz	salt
Pfeffer	peber
Öl	olie
Essig	eddike
Senf	sennep
Kaffee	kaffe
Tee	te
Wasser	vand
Mineralwasser	sodavand
Rotwein	rødvin
Weißwein	hvidvin
Bier	øl

Gemütlichkeit	hygge
gemütlich	hyggelig
nett, freundlich	venlig
schön, herrlich	dejlig
schlecht	darlig

Montag	mandag
Dienstag	tirsdag
Mittwoch	onsdag
Donnerstag	torsdag
Freitag	fredag
Samstag	lørdag
Sonntag	søndag

0	nul
1	en
2	to
3	tre
4	fire
5	fem
6	seks
7	syv
8	otte
9	ni
10	ti

Strom

Ganz Dänemark hat 220V Wechselstrom (50Hz). Ein Adapter ist nicht erforderlich.

Telefonieren

Die Vorwahl Dänemarks ist ✆ +45, dann folgt die stets achtstellige Anschlussnummer. Es gibt keine regionalen Vorwahlen. Von Dänemark nach Hause wählt man ✆ +49 für Deutschland, ✆ +43 für Österreich und ✆ +41 für die Schweiz, dann die Ortsvorwahl ohne Null.

Telefonkarten können in Postämtern und Kiosken erworben werden.

Handys sind natürlich auch in Dänemark funktionstüchtig. Die Netzinfrastruktur ist flächendeckend.

Service von A bis Z

Trinkgeld

Trinkgeld wird weder im Hotel noch im Restaurant oder Taxi erwartet – jedoch gegebenenfalls gerne akzeptiert.

Verkehrsmittel, Parken

Seit 2002 sind die zwei **Metrolinien M1 und M2** mit ihren modernen führerlosen Zügen in Betrieb. Die Metro wurde auf der Metrorail 2008 zur besten der Welt gekürt. Seit 2007 verbindet die Metrolinie 2 auch den Flughafen mit der Innenstadt. Die Metrozüge verkehren täglich und nahezu rund um die Uhr. Zwei neue Metrolinien befinden sich im Bau und sollen 2019 freigegeben werden. Infos zum Fahrplan, Ausbau und zu Tickets unter: www.m.dk.

Die **S-Bahn** folgt den einstigen Stadtwällen im Nordwesten. Von den drei Stationen København (Hbf.), Norreport und Østerport aus sind fast alle Sehenswürdigkeiten in etwa 15 Gehminuten zu erreichen; die Bahn führt auf dieser Strecke weiter nach Helsingør und Hillerød, in entgegengesetzter Richtung nach Roskilde und zum Flughafen.

Die wichtigsten **Buslinien** gehen vom Hauptbahnhof, Rathausplatz und Kongens Nytorv aus. Nach 5 Uhr sind **Nachtbusse** im Einsatz. Sie sind mit dem Buchstaben N gekennzeichnet. Fahrpläne unter www.rejseplanen.dk.

Fahrausweise gelten für Metro, S-Bahn und Bus und sind an den zahlreichen Ticketautomaten erhältlich. Kinder unter 12 Jahren fahren kostenlos, sofern Sie von einem Erwachsenen mit gültigem Ticket begleitet werden. Der Preis richtet sich nach den Zonen, die man durchfährt. Innerhalb der Stadt reicht fast immer ein 2-Zonen-Ticket (DKK 24, 60 Min. gültig), vom Flughafen in die Stadt wählt man das 3-Zonen-Ticket (DKK 36, 60 Min. gültig). Wer ohne Ticket erwischt wird, zahlt DKK 750. Fahrräder dürfen mitgeführt werden, nur nicht während der Rushhour 7–9 und 15.30–17.30 Uhr, im Juni bis August dagegen ganztägig. Ein Fahrradticket ist nötig.

Inhaber der **Copenhagen Card** (vgl. S. 84) oder eines **City Pass** (für 48 und 72 Std. erhältlich) können die Nahverkehrsmittel innerhalb des Zeitrahmens unbegrenzt nutzen.

Für das Erkunden des **Umlands** mit öffentlichen Verkehrsmitteln ist www.rejseplanen.dk ebenfalls sehr hilfreich.

Taxis können überall angehalten werden. Der Grundtarif beträgt DKK 37 (Telefon) bzw. DKK 24 (Straße); pro Kilometer kommen DKK 15–19 (abhängig von der Tageszeit) dazu. Ein bewährtes Taxiunternehmen ist Amagerobrotaxi © 27 27 27 27.

Die Erkundung Kopenhagens gelingt am besten ohne Auto. Wer dennoch nicht auf das Auto verzichten kann, sollte die Parkzonen verstehen. Das Stadtzentrum ist in **vier Parkzonen** unterteilt, die unterschiedlich viel kosten. Je weiter man sich vom Zentrum entfernt, umso günstiger wird es. Die Farbe der Parkscheine (an Automaten zu erwerben) entspricht der Farbe der Zone, in der man ist.

Die großen **Autovermieter** sind am Flughafen und in der Stadt vertreten:
Avis ➡ E5, Kampmannsgade 1, www.avis.com
Europcar ➡ F5, Gammel Kongevej 13, www.europcar.com
Hertz ➡ F5, Ved Vesterport 3, www.hertz.com

Mit dem Fahrrad

Kopenhagen ist wahrscheinlich die fahrradfreundlichste Stadt

Service von A bis Z

der Welt. Sie verfügt über fast 400 km Radwege, die häufig genauso breit wie die Fahrspuren für den Autoverkehr sind. 55 Prozent der Kopenhagener nutzen täglich das Rad, um zur Arbeit, zur Universität oder zur Schule zu gelangen, nur 29 Prozent der Haushalte besitzt überhaupt ein Auto, jeden Tag legen Radler 1,2 Millionen Kilometer in der Stadt zurück – Radfahren ist aus Kopenhagen nicht wegzudenken. Und es ist im Vergleich zum teils hektischen und gefährlichen Treiben auf deutschen Städten geradezu erholsam.

Eine Stadterkundung per Rad ist deshalb für Touristen sehr empfehlenswert. Sie ist nicht nur umweltschonend und praktisch, sondern auch kostengünstig. Wichtig zu wissen: Das unfallfreie Miteinander so vieler radelnder Verkehrsteilnehmer ist aber auch nur deshalb möglich, weil sich alle an Regeln halten: Gehwege, Zebrastreifen sind tabu und wenn man anhält, signalisiert man dies den nachfolgenden Fahrern, in dem man die Hand kurz hochhält.

Das kostenlose Leihradsystem, das für viele andere Großstädte der Welt Mitte der 1990er Jahre als Vorbild diente, hat Kopenhagen zwar Ende 2012 eingestellt, setzt jetzt dafür aber mit dem System von **Bycyklen** neue Standards. Die modernen Mieträder sind mit Tablet-PC und GPS ausgestattet: Ein Routenplaner lotst durch die Stadt und schlägt Routen vor. An mehr als 25 Stationen stehen die weißen Räder bereit (DKK 30 pro Std.). Im Vorfeld muss man sich online kostenlos registrieren, Infos zu Stationen und zum Leihprozedere unter www.bycyklen.dk.

Viele **Hotels und Fahrradläden** verleihen Räder ab DKK 100 pro Tag. Fahrradverleiher vgl. Erholung und Sport S. 76 f.

Rickshaw nennen sich in Anlehnung an die asiatischen Rikschas die von einem in die Pedalen tretenden Fahrer angetriebenen Dreirad-Taxis für zwei Personen. Sie können auf der Straße angehalten werden oder warten an Brennpunkten auf Gäste. Je nach Entfernung, ab DKK 160 (halbe Stunde), DKK 280 (eine Stunde). Infos unter: www.rickshaw-copenhagen.dk.

Sightseeing-Tipps vgl. S. 89 f.

Zeitzone

Dänemark liegt in der mitteleuropäischen Zeitzone (MEZ) und verhält sich bezüglich der Sommer- und Winterzeit genauso wie die umliegenden Länder.

Zoll

Innerhalb des EU-Raums dürfen Waren des persönlichen Gebrauchs frei ein- und ausgeführt werden. Dazu gehören bis zu 800 Zigaretten, 200 Zigarren, 1 Kilo Tabak, 10 Liter Spirituosen, 20 Liter Likör, 90 Liter Wein und 110 Liter Bier. Info: www.zoll.de. ◾

Die Kleine Meerjungfrau im Sonnenuntergang

Register

Die **fetten** Seitenzahlen verweisen auf ausführliche Erwähnungen, *kursiv* gesetzte Begriffe bzw. Seitenzahlen beziehen sich auf den Service.

Aquarium vgl. Den Blå Planet
Alexander Newskij Kirke 16, 44
Amagermuseet 28 f.
Amager Strand 77
Amagertorv 10, **11 f.**, 70
Amaliehaven 16 f., 41
Amalienborg Slot 6, 15, **16**, **41**
Andersen, Hans Christian 9, **15**, **33**, 47, 49, 59, 62, 80, 81
Anreise, Einreise 82 ff.
Antiquitäten 72
ARKEN – Museum for Moderne Kunst 28 f.
Auskunft 84 f.

Baden 77
Bakken 73
Bellavista-Wohnsiedlung 19
Bellevue Strandbad 77
Bjerget 40
Börse (Børsen) 13, 47
Botanisk Have 7, **47**, **75**
Brede Værk 33
Brokvarter (Brückenviertel) 38 f., 70

Cafés/Konditoreien 63
Campingplätze 55
Carlsberg-Besucherzentrum 47
Carlsberg-Brauerei 24, 33, 35, 40, **47**, 49, 58
Charlottenlund Strandbad 77
Christiania 39
Christiansborg Slot 6, **12 f.**, 34, 37, **41 f.**
Christianshavn 29, 35, 36, **39**, 44
Christians Kirke 44
Cisternerne – Museum für Moderne Glaskunst 29, 40
Copenhagen Card 28, *83*
Copenhagen Contemporary 29

Dänisches Design 19, 29, **30**, 34, 71
Dänisches Filminstitut 69
Dansk Arkitektur Center 29
Dansk Design Center 29 f.
Dansk Jødisk Museum vgl. Jüdisches Museum
Davids Samling 31
Den Blå Planet 73
Design-Museum Danmark 31 f.
Dieselhouse 32
Diplomatische Vertretungen 85
Dragør Museum 32
DR Koncerthuset 41, 68

ENIGMA – Post & Tele Museum 36
Erholung und Sport 75 ff.
Essen und Trinken 56–63
Experimentarium 73

Fælledparken 38, 76
Fahrrad 76 f., *89*, *93*
Feiertage, Feste 85 f.
Flohmärkte 72
Flughafen 80, *82 f.*
Fredensborg Slot 24 f.
Frederiksberg 40, 75
Frederiksberg Have 40, 75
Frederiksborg Slot 24 f.
– Nationalhistorisches Museum 24
Frederiks Kirke 16, 45
Frederiksstadt 15
Fremdenverkehrsämter 85
Frihedsmuseet 32
Frilandsmuseet 32 f.

Galerien 71 f.
Gammel Strand 12, 61
Gefion Springvand 48
Geld, Kreditkarten 87
Georg Jensen 12, **70**, **71**
Grundtvigs Kirke 44
Guinness World of Records Museum 73 f.

Hafenrundfahrt 6, 15, *90*
Handicap, Hinweise für Menschen mit 87
Hans Christian Andersen Märchenhaus 33
Hauptbahnhof 84
Helligåndskirke 11
Helsingør 22 f.
– Han, Skulptur 23
– Schloss Kronborg 22, 23
Hirschsprungske Samling 33
Højbro Plads 12
Holmens Kirke 13 f., 45
Hotel d'Angleterre 14, 52
Hotels 52 ff.

Illum 70, 71
Illums Bolighus 7, 12, **70**, **71**
Internet 87
Islands Brygge 77

Jægersborg Dyrehave 20, 23
Jazz 67, *90*
Jens Olsens Weltzeituhr 9 f., 50
Jüdisches Museum 13, 30 f.

Karen Blixen Museet 20, 23
Kasino 67
Kastellet 17, 48
Kinder 73 f.
Kinos 69

Register

Klampenborg 19, 63
Kleine Meerjungfrau (Den Lille Havfrue) 6, 17, **49**, 80, 81, 86
Klima, Kleidung, Reisezeit 87 f.
Københavns Bymuseum (Stadtmuseum) 33 f.
Købmagergade 7, 10, **70**, 72
Kompagnistræde 12, 70
Kongelige Afstøbningssamling 17, 33 f.
Kongelige Bibliothek (Königliche Bibliothek) 13, 48
Kongelige Danske Musikkonservatorium 68
Kongelige Stalde og Kareter 12, **34**, 43
Kongens Have vgl. Rosenborg Have
Kongens Nytorv 14 f.
Königliche Stallungen vgl. Kongelige Stalde
Königliches Theater (Det Kongelige Teater) 14, **48 f.**, 68
Kopenhagen in Zahlen und Fakten 82
Kronborg Slot vgl. Helsingør
Kultur und Unterhaltung 68 f.

Lædergade 12, 70
Langelinie 49, 64
Latinerkvarter 10 f.
Lille Havfrue vgl. Kleine Meerjungfrau
Lille Mølle 35
Livgardens Historiske Samling 34
Louisiana 21, 23

Magasin du Nord 14, 70, **71**
Marmorkirken vgl. Frederiks Kirke
Medizinische Versorgung 88
Museen 28–37

Nationalhistorisches Museum vgl. Frederiksborg
Nationalmuseet 6 f., 34 f.
Nightlife 64 ff.
Nivaagaards Malerisamling 20 f., 23
Nørrebro **38**, 69, 72
Notfälle 88
Nyboders Mindestuer 15, 49
Ny Carlsberg Glyptotek 7, 35 f.
Nyhavn 6, **15**, 61, *90*

Opernhaus (Operaen) 16, **49**, 81
Ordrupgaard Samlingen 19, 22

Øresundsbroen (Øresundbrücke) 49 f.
Ørestad 40 f., 68
Østerbro **38 f.**, 69, 72

Parken *84*, *92*
Parkmuseerne 28

Post 88
Presse, TV 88

Rauchen 88 f.
Rathaus (Rådhus) 9, 50
Rathausplatz 8 f., 50, *86*, *88*, *89*, *92*
Restaurants 59 ff.
Ripley's Believe it or Not! Museum 74
Rosenborg Have (Kongens Have) 15, 44, **75**
Rosenborg Slot 15, **43 f.**, 75
Roskilde 25 ff.
– Roskilde Domkirke 26
– Roskilde Festival 26, 27, *86*
– Wikingerschiffsmuseum 25 f., 27
Royal Copenhagen 12, 63, **70**, **71**
Rundetårn 6, **11**, **50**, 79
Rungsted 20

Sankt Petri Kirke 45 f.
Schauspielhaus (Skuespilhus) 16, 50
Schwarzer Diamant vgl. Königliche Bibliothek
Shopping 70
Sicherheit 89
Sightseeing, Touren 89 f.
Skuespilhus vgl. Schauspielhaus
Slotsholmen **12 f.**, 30 f., 34, 37, **42 f.**, 47
Sømod's Bolcher 74
Sprachhilfen 90 f.
Statens Museum for Kunst 7, **36 f.**
Strøget 7, **10**, **70**, 72, 80
Strom 91 f.

Teatermuseet 37
Telefonieren 91
Theater 37, 48, 50, **68**
Thorvaldsens Museum 37
Tickets 69
Tivoli 6, 7, **18**, **51**, 53 f., 63, 68, *82*
Tivoli Konzerthalle 68
Tøjhusmuseet 37
Trekroner Søfort 7, 17, **51**
Trinkgeld 92
Tycho Brahe Planetarium 74

Verkehrsmittel 92
Vesterbro **38**, 69, 72
Vor Frelsers Kirke 46
Vor Frue Kirke 11, 46

Wachablösung 6, 14 f., 16, **41**
Wichtige Rufnummern 88

Zeitzone 93
Zoll 93
Zoologisk Have 40, 74

Bildnachweis und Impressum

CC BY 3.0/Jens Schott Knudsen: S. 81; MM: S. 45; Denny Richter: S. 8
CC SA 2.0/James Cridland: S. 53
Fotolia/ArTo: S. 88; Alexi Tauzin: S. 31 u.
Hotel d'Angleterre, Kopenhagen: S. 52
iStockphoto/DeadDuck: S. 22, 83; Nicolas Delafraye: S. 93; Peter Engelsted: S. 33; Svein Otto Jacobsen: S. 24; Peter Engelsted Jonasen: S. 27; Klaas Lingbeek/Van Kranen: S. 47; Sergiy Palamarchuk: S. 9 o.; Casper Wilkens: S. 3 u., 43
Eszter Kalmár, Potsdam: S. 4/5, 11, 17 u., 35, 40, 46, 51
Karneval Copenhagen, Kopenhagen: S. 85
Preben S. Kristensen/laif, Köln: S. 20, 21, 72 o.
LEGO Group, München: S. 30 (Foto 1)
National Museum of Denmark, Kopenhagen: S. 34 u.
Operaen, Steen Larsen, Kopenhagen: S. 3 o. Mitte, 17 o.
Alphons Schauseil, Ville-di-Paraso: S. 61
Stelton A/S, Kopenhagen: S. 30 (Foto 2)
Tivoli Copenhagen, Kopenhagen: S. 18
Tivoli Hotel, Kopenhagen: S. 54
Visit Denmark/Lars-Kristian Crone: S. 57;
Danmarks Turistråd: S. 30 (Fotos 3 und 6); Dorte Krogh: S. 68; Jette Jørs: S. 6 u. r.; Christian Nykrog: S. 6 o.l.; 12; Cees van Roeden: S. 26, 72 u.; Jørgen Schytte: S. 6 u. l.; ukendt: S. 30 (Foto 4)
VISTA POINT Verlag (Archiv), Potsdam: S. 2 o. Mitte, 6 o. r., 36 o., 37, 48, 70, 78 o., 78 u., 79 o., 79 u., 82
White Star, Hamburg: S. 50
Wonderful Copenhagen/copenhagenmediacenter.com: S. 3 o. r., 28, 39, 49, 62 o., 62 u., 89; Christian Alsing: S. 32, 76, 77; Jens Bangsbo: S. 7; Klaus Bentzen: S. 2 o. r., 16; Morten Bjarnhof: S. 58; Ireneusz Cyranek: S. 42; EBRA Architecture: S. 73; Roland Halbe: S. 19; Fritz Hansen: S. 30 (Foto 5); Bjarne Hermansen: S. 69; Tuala Hjarnø: S. 86; Morten Jerichau: S. 3 o. l., 36 u., 71, 75; Penile Klemp: S. 31 o.; NP Hotels: S. 15; Claes Pech Poulsen: S. 56; Nicolai Perjesi: S. 60; Claus Randrup: S. 65; Kurt Rodahl Hoppe: S. 23; Cees van Roeden: Schmutztitel (S. 1), 10, 67, 90; Miklos Szabo: S. 55; Ty Stange: S. 34 o., 38
Fulvio Zanettini/laif, Köln: S. 2 o. l., 9 u., 13

Schmutztitel (S. 1): Dänisches Design in der Architektur
Seite 2/3 (v. l. n. r.): Rathaus, Nyhavn, Amalienborg, Frederiksberg Have, Opernhaus, Tivoli, Kopenhagen-Panorama (S. 3 u.)
Seite 6/7: Christiansborg Slot (S. 6 o. l.), Wachablösung in Amalienborg (S. 6 o. r.), Pantomimen-Theater im Tivoli (S. 6 u. r.), Hafenrundfahrt per Wasserbus (S. 6 u. l.), im Statens Museum for Kunst (S. 7)

Konzeption, Layout und Gestaltung dieser Publikation bilden eine Einheit, die eigens für die Buchreihe der **Go Vista City/Info Guides** entwickelt wurde. Sie unterliegt dem Schutz geistigen Eigentums und darf weder kopiert noch nachgeahmt werden.

© VISTA POINT Verlag GmbH, Birkenstr. 10, D-14469 Potsdam
7., aktualisierte Auflage 2017
Alle Rechte vorbehalten
Reihenkonzeption: Andreas Schulz & VISTA POINT-Team
Bildredaktion: Andrea Herfurth-Schindler, Eszter Kalmár
Textredaktion und Lektorat: Kristina Linke, Eszter Kalmár
Layout und Herstellung: Sandra Penno-Vesper, Kerstin Hülsebusch-Pfau
Reproduktionen: Henning Rohm, Köln; Noch & Noch, Datteln
Kartographie: Berndtson & Berndtson Productions GmbH, Fürstenfeldbruck; Kartographie Huber, München
Druckerei: Colorprint Offset, Unit 1808, 18/F., 8 Commercial Tower, 8 Sun Yip Street, Chai Wan, Hong Kong
VP6XVII

ISBN 978-3-96141-083-5

An unsere Leser!
Die Informationen dieses Buches wurden gewissenhaft recherchiert und von der Verlagsredaktion sorgfältig überprüft. Nichtsdestoweniger sind inhaltliche Fehler nicht immer zu vermeiden. Für diese übernimmt der Verlag keine Haftung. Für Ihre Korrekturen und Ergänzungsvorschläge sind wir dankbar.

VISTA POINT Verlag
Birkenstr. 10 · 14469 Potsdam
Telefon: +49 (0)3 31/817 36-400 · Fax: +49 (0)3 31/817 36-444
info@vistapoint.de · www.vistapoint.de · www.facebook.de/vistapoint.de